BUDA
O MITO E A REALIDADE

HERÓDOTO BARBEIRO
Jornalista

BUDA
O MITO E A REALIDADE

MADRAS

© 2015, Madras Editora Ltda.

Editor:
Wagner Veneziani Costa

Produção e Capa:
Equipe Técnica Madras

Revisão:
Vera Luciana Quintanilha
Maria Cristina Scomparini
Tânia Hernandes

**Dados Internacionais de Catalogação na Publicação (CIP)
(Câmara Brasileira do Livro, SP, Brasil)**Barbeiro, Heródoto

Buda: o mito e a realidade / Heródoto
Barbeiro. -- 5. ed. -- São Paulo : Madras, 2015.
ISBN 978-85-370-0959-8
1. Buda 2. Budismo - Estudo e ensino 3. Carma
4. Dharma (Budismo) 5. Filosofia budista 6. Sutras
I. Título.
15-03445 CDD-294.3071

Índices para catálogo sistemático:
1. Budismo : Estudo e ensino 294.3071

Proibida a reprodução total ou parcial desta obra, de qualquer forma ou por qualquer meio eletrônico, mecânico, inclusive por meio de processos xerográficos, incluindo ainda o uso da internet, sem a permissão expressa da Madras Editora, na pessoa de seu editor (Lei nº 9.610, de 19/02/1998).

Todos os direitos desta edição reservados pela

MADRAS EDITORA LTDA.
Rua Paulo Gonçalves, 88 — Santana
CEP: 02403-020 — São Paulo / SP
Caixa Postal: 12183 — CEP: 02013-970/SP
Tel.: (11) 2281-5555— Fax: (11) 2959-3090
www.madras.com.br

"Não acreditem em nada que digo, experimentem."
Buda

Dedicatória

Para a Monja Coen Sensei, com a minha admiração.

Índice

Um Homem..9
Prefácio 11
Como Tudo Começou..15
Sidarta, de *Bon Vivant* a Maltrapilho...........................*21*
A Reviravolta 33
O Buda Voador...43
Agora é Cada um Por Si..53
A Luta Contra a Dor 63
O São Tomé Oriental..69
A Reencarnação Inevitável 79
Na Outra Margem do Rio...89
O Homem no Centro..95
São Josafá..103
Conclusão..113
Cronologia...115
Gento Ryotetsu...117
Para Ser Budista...121
Indicações de Leitura..123

Um Homem

  Um homem andava despreocupadamente sob o Sol forte e carregava nas costas uma pequena sacola de provisões. Atravessava um imenso campo de trigo. O ar estava parado e o vento descansava. Nada parecia se mover. A monotonia da paisagem era raramente quebrada por uma leve brisa que, vagarosamente, movimentava o trigo amarelo como uma imensa marola de um oceano manso. O homem caminhava sem olhar por onde andava, pisando o amarelo da paisagem.
  Repentinamente, surgiu no alto de uma colina um tigre. O animal viu sua presa e partiu para pegá-la. Diante do inesperado, o homem abandonou a sacola e correu como nunca havia corrido em sua vida. A velocidade do tigre diminuía a distância entre caçador e presa, e ele percebeu que em mais alguns instantes seria dilacerado pelas garras do animal. Avistou um barranco em uma das bordas do trigal e atirou-se para lá. Descobriu que a saliência no terreno era a borda de um profundo precipício. Para escapar, esgueirou-se pela terra, agarrando-se no que podia. Na metade da descida, viu uma velha raiz que saía do penhasco e pendurou-se nela. Dali podia ver os olhos faiscantes do tigre, e só lhe restava continuar descendo. Olhou para baixo e identificou, no fundo do

desfiladeiro, uma caverna. Na porta, a fêmea do tigre e os filhotes esperavam o alimento que o macho havia ido caçar.

Agarrou-se ainda mais na raiz. De um pequeno buraco ao lado dela saíram dois ratos: um branco e outro preto. Imediatamente, começaram a roer a raiz onde ele estava pendurado. O homem olhou para todos os lados e notou que ao alcance de sua mão havia um arbusto. Era um morango silvestre. Havia nele um único fruto vermelho, apetitoso e fresco.

O homem pegou-o, comeu e achou delicioso.

A vida é um fim em si mesmo.

Prefácio

Incurável é a morte para os que nascem, todo morrer é um nascer — pelo que não deveis entristecer-vos por causa do inevitável.

Bhagavat Gita

Este livro pretende ser um ensaio simples sobre o Budismo original. É um texto de divulgação, nada mais, escrito por um adepto. Por isso, um trabalho sem isenção. É uma tarefa difícil, em uma época de esoterismo exacerbado e religiões eletrônicas, escrever sobre uma religião na qual não há culpa nem salvador. Pelo menos não o salvador como se entende no Ocidente. Buda não é um deus. É um exemplo a ser seguido por quem quiser se iluminar e interromper o ciclo: nascimento, morte e nascimento. O budista não quer viver de novo. Não quer receber o paraíso. Quer finalizar o ciclo. É a única saída para frear o sofrimento. Não há outra.

Todos podem se iluminar. Todos podem tornar-se budas. Todos podem seguir o exemplo do Buda histórico, Sidarta Gautama, ou Shakyamuni. Ele nos convida a enfrentar o impermanente, as mudanças contínuas de tudo. A refletir sobre os ensinamentos e sobre a vida; a seguir a trilha da iluminação. E ninguém precisa acreditar em nada que não puder comprovar. Esse caminho é balizado pela meditação, pela ética e pela sabedoria. Constituem os seus primeiros degraus: não matar, não roubar, não ter má conduta sexual, não se intoxicar com álcool e drogas. É um caminho instigante e difícil. Um grande desafio.

A civilização em que vivemos, envolvida com o hipercapitalismo e sua expressão mais sensível – o globalismo –, coloca-nos, diante de situações nunca antes vividas pela humanidade. Uma de suas expressões é a aceleração das sensações humanas até as últimas consequências. A mesma tecnologia que impulsiona a informática, a corrida espacial, a Nanotecnologia e a decifração do genoma, também investe para abrir as impressões obtidas pelos sentidos ao máximo. Drogas lícitas e ilícitas, fármacos destinados a uma medicina de *good way of life* conduzem milhões e milhões de pessoas a buscar a felicidade e a apreensão da realidade por meio da hiperatividade dos órgãos dos sentidos. Inclui-se aí tudo o que existe no corpo humano capaz de transmitir alguma sensação ao cérebro. Há uma rota de colisão entre essa expectativa da felicidade material/sensorial e o Budismo, que alerta para a distorção que os sentidos provocam na compreensão da realidade. Esse estilo de vida, sem fazer nenhum juízo de valor, colide com os ensinamentos do Buda. Ele sugere que só o abandono da realidade obtida pelos sentidos pode libertar a verdadeira visão do mundo. Portanto, parecem ser concepções inconciliáveis. Assim, não é possível trilhar o caminho da iluminação perseguindo apenas os bens materiais e as delícias sensoriais que a sociedade atual nos oferece.

Sidarta preocupou-se com a natureza humana e nunca disse que era um ser superior. Ao contrário, dizia que era um ser humano. Como julgar o outro, alguém que conseguiu purificar a própria mente, o que lhe possibilitou ver as coisas como elas realmente são? Essa capacidade pode ser desenvolvida por qualquer um, homens e mulheres, igualmente. Buda divulgou seus ensinamentos dentro da realidade indiana e, por isso, deve ser observado nesse contexto histórico. Buda é um qualificativo que define o estado espiritual daquelas que atingiram o conhecimento total; portanto, o Buda não pode ser visto como um super-homem, ou o Sábio entre os sábios, o Puro entre os puros, mas simplesmente humano como nós; um modelo perfeito que cada um de nós pode reproduzir. Não é nem um protetor divino, nem um milagreiro. O Buda Shakyamuni é o único com ligações históricas, os outros cinco nomeados pela tradição, que dizem que estiveram na Terra, não têm comprovação histórica.

Há uma clássica saudação cantada que o chama de "o bem-aventurado, o muito sábio, o perfeitamente iluminado" ou "Namu tassa Bhagavato Arahato Samma-Sambuddhassa".

Como Tudo Começou

O Budismo foi trazido para o Brasil pelos imigrantes japoneses e ficou circunscrito à colônia japonesa até a década de 1960. Nessa época, o zen popularizou-se nos Estados Unidos, principalmente na Califórnia, acalentado pelas transformações sociais mundiais cavalgadas no capitalismo financeiro, no imperialismo, na Guerra Fria, no desastre do Vietnã, na contracultura, em Woodstock e em todas as mudanças que se seguiram, inclusive o movimento *hippie*. Os templos apareceram e multiplicaram-se na Califórnia, e as obras de budistas japoneses ilustres, entre eles Deitaro Suzuki, foram traduzidas para o inglês e depois para o português. As mudanças sociais também impulsionaram a curiosidade dos ocidentais. No Brasil, o movimento ficou restrito à colônia japonesa (há um exemplo disso no final do livro). A publicação de *Textos Budistas e Zen-Budistas* pelo professor da USP Ricardo Mário Gonçalves deu condições de conhecer melhor a essência do Budismo.

Os japoneses também trouxeram para o Brasil seus sincretismos religiosos, o que ajudou a confundir ainda mais o que pregava Sidarta Gautama. Essas seitas, uma vez instaladas no Brasil, autoproclamaram-se budistas. A ampla divulgação da imprensa e o desconhecimento inclusive de jornalistas colaboraram para que o imaginário popular distorcesse profundamente o Budismo. É comum as pessoas andarem pelo bairro oriental de São Paulo e comprarem estátuas de "Buda" para dar de presente. Ela dá sorte, dizem os místicos. Traz dinheiro, arriscam outros. É preciso deixá-la virada para a parede, sentada em uma cédula, para que traga muita fortuna. Todos conhecem esse Buda: gordo, barrigudo, sorridente, careca e de orelhas bem compridas. Mas esse não é o Buda. É Jô Go – pronuncia-se *djô go* –, um deus do panteão tradicional japonês e chinês e talvez confundido com o Buda histórico porque algumas pessoas chamavam o seu santo oriental de Buda.

Por extensão, passaram a ser denominadas budistas igrejas de diversas origens. Durante um bom tempo, essa religião ficou restrita às manifestações de cerimônias do nascimento do Buda, banho de chá, etc., ou festas da colônia, venda de oratórios com outros personagens, tanto do panteão japonês, como do chinês e do indiano, livros de confuso conteúdo religioso, de autoajuda, esoterismo, e muito mais. A indústria de bibelôs, os camelôs, as casas de velas, de umbanda, candomblé dispunham de estátuas e objetos budistas, o que mostra a riqueza religiosa e cultural do nosso país. O mesmo se deu em outros países e culturas onde o Budismo se misturou com religiões locais, e eu mesmo pude comprovar em viagens ao Butão, Mianmar e Tailândia. O zen passou a ser moda nas rodas mais sofisticadas da sociedade paulistana, e muita gente montou um oratório em casa. Passou-se a denominar zen qualquer pessoa considerada diferenciada pela sua calma aparente, ou não. Isso tudo foi bem misturado com o yôga, muito incenso e uma pitada de livros fantásticos.

A mídia incumbiu-se de tornar o Budismo conhecido. O cinema, as revistas de moda, autoajuda, turismo, curiosidades, religião, *socialites*, encheram as bancas e a TV. Atores, atrizes de novela, apresentadores de TV, famosos de todos os matizes deixaram-se fotografar na frente de altares, imagens de várias origens, oratórios, *banners*, *back* e *front lights* e outras parafernálias da civilização do século passado. Para o século 21, restou abrir o ciberespaço para o Budismo. Sidarta tornou-se um ciberluminado. E-mails e *spams* varrem o mundo em muitas línguas reproduzindo histórias cuja veracidade nunca se comprovou. Na esteira, uma avalanche de vendas, arrecadações, pedidos de ajuda financeira para erguer templos e até pagodes. Graças à CIA e à truculenta política externa chinesa, a parte mais visível nos últimos tempos é a corrente tibetana, liderada pelo Dalai Lama, um homem simpático e comprometido com a causa da paz no mundo, tema de filmes, tietagens e livros de autoajuda. A situação política do Tibet ajuda essa exposição, uma vez que Dalai Lama quer a independência da China e a reconstrução de um estado teocrático, como no passado. Uma espécie de Vaticano oriental, ainda que ele não represente para os budistas o que o papa representa para os católicos.

O Budismo chinês instalou-se em 2003 no Brasil, com a escola t'chan, ou zen, ou dyana. O majestoso templo Zu Lai, na grande São Paulo, foi aberto à comunidade brasileira e integrado ao trabalho de participação social e comunitária da população pobre da periferia. Há também um monastério e uma universidade budista, o que deve dar um grande impulso na divulgação da religião. É um ramo de Fo Guang Shan, liderada por Hsing Yün, responsável pela publicação de obras de divulgação dessa escola do Budismo. Os textos, didáticos, são cuidadosamente publicados pela jornalista Miriam Paglia e ajudam os iniciantes a esclarecer dúvidas sobre o pensamento do t'chan. Eles estão citados na bibliografia. Eis um exemplo: **"A prática budista deve começar com quem somos e o que fazemos. Primeiro, aprendemos a controlar os impulsos negativos do corpo. Isso é moralidade. Em seguida, aprendemos a controlar a mente. Isso é meditação. Então, aprendemos a compreender as verdades profundas da vida. Isso é sabedoria. Cada estágio depende do anterior."** – o texto é do mestre Hsing Yün.

Este ensaio tem o objetivo de contribuir para a divulgação do Budismo. Os ensinamentos do Tathagata, o Buda, têm muitas contribuições à humanidade. Sua visão do mundo é da realidade que um iluminado tem, e a essência búdica está presente no âmago de todos os seres sensíveis. Isso vale para todas as pessoas, não importa a religião ou origem. Todos podem entrar em um templo budista e aprender a praticar a meditação. Ela acalma a mente a abre caminho para o encontro da natureza iluminada de cada um. Com o tempo, desvanecem-se a raiva, a ignorância, os conceitos de dualidade, de relatividade e até mesmo do tempo e do espaço. É instigante entender a mensagem de um homem que não é Deus nem filho d'Ele, e que se coloca no centro da contestação ao desafiar as pessoas que não acreditam nas palavras que disse que as experimentem. Buda conscientiza-nos de uma situação terrível: nascemos e morremos sozinhos e dependemos só de nós mesmos para atingir a iluminação e cessar a dor. Paradoxalmente, diz que a individualidade não existe. Há mestres dedicados e sábios, mas não suficientes para nos ajudar. Ensinam-nos diligentemente a nadar, mas só entrando no rio, sentindo o contato com a água, superando as dificuldades da correnteza, aprendemos a nadar. O Buda não é capaz de nadar por nós nem de nos salvar de um afogamento. Talvez este seja um dos maiores desafios para quem quer seguir o caminho do meio, aquele ensinado por Buda: terá de pavimentar sozinho a entrada que conduz à iluminação. Cada história que abre os capítulos deste livro tem um significado que deve ser interpretado por aqueles que desejam tentar. O encontro com o Budismo pode ser devastador para algumas pessoas. Devastador no sentido figurado, ou seja, de arrasar tudo o que uma pessoa concebeu até o momento e descortinar uma nova realidade. O impacto não deixa pedra sobre pedra das concepções antigas. Sua força demolidora é incrível, com a qual o homem ocidental não está acostumado. Ele vai descobrir que andar, respirar, trabalhar, nadar, tudo é Budismo; que ter e não ter são coexistentes, e o Budismo é uma via para transcender os dois. Todos os fenômenos são criados por nossa mente, sejam eles materiais ou psicológicos; não há o sobrenatural nem a ajuda divina para nenhuma das nossas agruras do cotidiano. Se perguntassem ao mestre Hui Neng o que faz uma bandeira balançar no mastro, ele certamente diria: "Não é o vento nem a bandeira que está se movendo. É a sua mente que se move". Faz sentido? Talvez, mas não na lógica ocidental. É claro que, se o fenômeno ocorre, é o vento que faz a bandeira balançar. Ela se move independentemente de tomar-se ou não a consciência de sua existência. Porém, não na lógica do Budismo. Por isso, para muitos há um choque de concepções.

Não se trata aqui de eleger o certo ou o errado, mas apenas de constatar uma diferença. Pode-se dizer que o Budismo é uma filosofia, mas ele não é. Na sua essência, é apenas uma prática. Nada mais. Sem prática não há Budismo nem budistas. A essência do Budismo é a prática. É a meditação. Compreender e praticar tem de andar juntos. Mas, como praticar se estamos imersos em uma sociedade hipercapitalista, na qual a competitividade aumenta dia a dia, o tempo das pessoas é cada vez mais escasso, o modo de vida atual absorve-nos totalmente, as diversões são cada vez mais atraentes e tudo mais que nos encanta? Se essa questão fosse encaminhada para o site *www.budasiddharta.com.br*, a resposta certamente seria: "Pratique quando tomar banho, quando sentar para comer, quando estiver no trânsito, ou andando pelas ruas, ou ainda na sua bicicleta ergométrica".

Que religião é essa de que estamos falando? E o mundo metafísico, sobrenatural, onde vivem as entidades, os santos, os deuses ? O Budismo só se realiza no nosso mundo, em nenhum outro. Por isso, é preciso duvidar desse tal de Budismo. Aliás, ele é a religião – usando o termo ocidental – da dúvida, na qual ela é estimulada e considerada o motor de tudo. Sem a dúvida não há Budismo!

Não é nada alentador ouvir do fundador de uma "religião" que uma de suas nobres descobertas, ou verdades, diz respeito ao sofrimento. O nascimento é sofrimento. A velhice é sofrimento. A doença é sofrimento. A morte é sofrimento. Estar perto daquilo que não se ama é sofrimento. Estar longe daquilo que se ama é sofrimento.Não realizar um desejo é sofrimento. Em poucas palavras, os cinco elementos que constituem nosso ser são sofrimento. A tarefa do Buda é apenas resolver essa intrincada equação. Como sair disso?

Herodoto e Walquiria Santos em seu casamento

Sidarta, de *Bon Vivant* a Maltrapilho

*Aceitando prazer e sofrimento,
ganho ou perda, vitória e derrota
com a mesma Serenidade de espírito,
entra na peleja — e não pecarás!*
Bhagavat Gita

Nem água nem Lua

Por anos e anos, a monja Chiyono estudou sem conseguir chegar à iluminação. Uma noite, ela carregava um velho pote cheio de água. Enquanto caminhava, ia observando a Lua Cheia refletida na água do pote. De repente, as tiras de bambu que seguravam o pote inteiro partiram-se, e o pote despedaçou-se. A água escorreu e o reflexo da Lua desapareceu.

E Chiyono iluminou-se. Ela escreveu estes versos: "De um modo ou de outro, tentei segurar o pote inteiro, esperando que o frágil bambu nunca se partisse. De repente, o fundo caiu. Não havia mais água, nem mais Lua na água. O vazio em minhas mãos."

O título deste capítulo não é um sacrilégio. Sidarta, o Buda, segundo a tradição, era um príncipe rico, bem-vestido, perfumado, cheio de joias e de gente para satisfazer os seus desejos. Não é muito comum o fundador de um movimento, uma religião, uma filosofia, seja qual for o nome que se queira dar ao Budismo, vir de uma vida faustosa, cheia de emoções e bens materiais. Há muitos líderes religiosos mais humildes: pastor, cameleiro, filho de carpinteiro, homens pobres que nunca sentiram o gosto de um título tão imponente como Sidarta: o chefe da tribo dos shakyas, Shakyamuni.

O jovem príncipe convivia com as pessoas de sua classe social, nobres, gente rica, proprietários de terras, e ocupava-se com exercícios físicos e festas. Era hábil no manejo do arco, na equitação e na esgrima. Nem mesmo os instrutores militares eram capazes de derrotá-lo depois de algumas aulas. Era imbatível em tudo que se propunha a aprender. Nos termos autuais, um verdadeiro super-herói.

Sidarta não tinha a humildade de andar apenas com uma túnica velha, descalço ou em companhia do populacho, ou tendo que dividir seu alimento com os seguidores. Aliás, o príncipe não sabia o que era trabalho, suor, responsabilidade ou qualquer outro compromisso. O povo não podia se aproximar dele. E seu pai, Suddhodana, o rei dos shakyas, cercava o filho com tudo o que um jovem pode sonhar.

Para ser um líder religioso, a tradição recomenda que sua origem deva ser extraordinária. Um líder não pode simplesmente nascer da união de um homem e de uma mulher comuns. É preciso um nascimento fantástico, grandioso, como o de Remo e Rômulo, cuja mãe, Réa Silvia, engravidou de um deus, e os dois foram alimentados por uma loba. Depois de adultos, fundaram Roma, lutaram pela posse da cidade e, depois de mortos, viraram deuses. Uma história capaz de mexer com a imaginação de todos e atrair legiões de admiradores. Alexandre da Macedônia também dizia que seu pai não era o rei Felipe, mas um deus que engravidou a sua mãe.

Ao futuro Buda também era preciso atribuir uma origem exótica. Nada de maternidade comum, clã de cameleiros, pais deuses, mães virgens, estábulo ou animais domésticos comuns, como jumentos, vacas e bois. Se havia um animal para associar a seu nascimento, teria de ser um bem grande, forte e nobre: um elefante. A imaginação popular incumbiu-se de criar e espalhar uma grande lenda para o nascimento do príncipe dos shakyas. Sidarta Gautama teve sua origem cantada em prosa e verso: sua mãe, Maya, foi fecundada por um *bodhisattva*, um arcanjo, que, sentindo-se tocado pelo sofrimento da humanidade, dos deuses e dos demônios, enviou um reflexo terrestre, sob a forma de um elefantinho, ao seio de Maya, esposa de Suddhodana, o soberano da tribo dos shakyas. Ela era virgem, praticava o ascetismo. Uma verdadeira Anunciação à indiana. O elefante mágico abriu o flanco de Maya e o arcanjo inseriu Sidarta em seu útero. Assim, conta a lenda, o futuro Buda nasce de uma mulher, mas nenhum homem ou deus era digno de ser seu pai. Maya antecedeu Maria, mãe de Jesus, mais de 500 anos. Os dois fundadores de religiões conheciam os homens que coabitavam com suas mães, mas não eram seus pais biológicos. José e Suddhodana eram pais adotivos, mas deixaram exemplos de dedicação e desprendimento em relação ao filho.

Na imaginação popular, um homem santo não pode nascer como um simples mortal. Divulgaram que a gestação de Maya durou dez meses, e Sidarta saiu de seu flanco direito, quando do céu despencava uma chuva de flores, no ar havia uma música divina e desenhos formavam-se. O nascimento deu-se em um palácio maravilhoso, diferentemente da manjedoura de Jesus, que era um recém-nascido como qualquer outro judeu. Ao nascer, Sidarta imediatamente se lembrou de todas as suas vidas passadas e já estava cheio de ciência. Ele nasceu 508 anos antes de Jesus. O recém-nascido, segundo a lenda, saiu andando. Deu sete passos em direção aos pontos cardeais e, em seguida, falou: "Caminho na primeira fila no mundo. Porei fim ao nascimento, à velhice, à doença e à morte. Não terei superior entre os seres... Eu sou o mais alto do mundo. Eu sou o melhor do mundo. Eu sou o mais velho do mundo. Este é, na verdade, meu derradeiro nascimento e não haverá mais para mim outra existência."

Os autores dessa fábula não economizaram imaginação para um recém-nascido. Maya morreu sete dias depois para não ter outro filho, muito diferente de Maria, que teve outros filhos e acompanhou Jesus até a sua morte na crucificação. O pequeno Buda foi criado pela tia materna, como convém a um herói. O soberano Suddhodana foi visitado por um asceta do Himalaia que lhe disse que deveriam aparecer 32 sinais no corpo do menino comprovando a sua predestinação. Muito mais do que a aparição do Espírito Santo. Alguns sinais: o lóbulo das orelhas seria três vezes maior do que o normal. Possuiria 40 dentes, brancos e iguais! Seu queixo teria a força de um leão, peito de um touro, pernas de gazelas, dedos das mãos e dos pés compridos e ligados por membranas...[1] A lenda ainda conta que na planta do pé de Sidarta seria desenhada uma roda com mil raios. Em Yangoon, em Mianamar, é possível ver uma estátua com essa característica nos pés, e também em Bangkok, na Tailândia. Se não fosse suficiente, outras 60 marcas secundárias apareceriam. É possível que nenhum outro líder religioso tenha sido agraciado com um nascimento tão fantástico.

Surgia, então, Sidarta, pronto para iniciar um movimento que, de uma forma ou de outra, conseguiria encantar mais de um

---
1. Até me lembrou da representação de Moisés, esculpida por Michelangelo.

bilhão de pessoas no mundo. Seu desígnio principal era ensinar os homens a alcançar a iluminação. Seria isso possível? Se a iluminação está além da mente, como pode ser ensinada? Rajneesh diz ser impossível crescer em direção dela, pode-se saltar dentro dela. Quem ouve a mente impura pelos desejos e apegos nunca chega à iluminação. Ela é um obstáculo, muito mais do que uma ajuda. Iluminar-se é tornar-se consciente de si mesmo. É descobrir a mente búdica. A mente impura é um obstáculo porque é sempre velha, sempre está apegada ao passado, como um álbum de fotos, digitais ou não, que guardamos no fundo da gaveta ou em um arquivo de computador. As fotos representam algo que já aconteceu e geram apego, ou melhor, saudade de um tempo, de uma época e de pessoas que já não existem mais da forma capturada pela lente da máquina. Tudo mudou e muda sem parar. Logo, a mente impura, como a foto, significa o passado, ela não tem capacidade para conhecer o novo. Só o velho, o que ela registrou. Então como é possível conceber o novo? Somente pela consciência, pela mente búdica, que é a sua mais profunda fonte, e para isso é preciso usar o método da meditação; assim a consciência aflora e encontra a realidade. Assim, é possível olhar corretamente, sem a intervenção da mente, o que significa tomar conhecimento do que ocorre à nossa volta sem julgar, sem condenar, sem absolver, enfim, sem dizer sim ou não para tudo, sem ser um juiz universal. Somos capazes de discorrer sobre um assunto sem opinar? Capazes de ouvir alguém sem, imediatamente, emitir opinião e impor o ponto de vista? Capazes de simplesmente aceitar a outra pessoa como ela é, na sua diversidade? De ser tolerantes com as ideias que não fazem parte daquele *portfólio* eleito como o melhor e único para toda a humanidade? Se não somos, é preciso praticar a meditação.

Buda veio ao mundo com a missão de se iluminar e se tornar um exemplo a ser seguido. Para isso ele precisava ensinar que é preciso matar a mente impura por meio da meditação. Podemos escolher: ou a mente impura ou a iluminação. Não há outra escolha possível, e ela não é fácil para ninguém, nem para Sidarta. No Budismo original, há a busca contínua pela iluminação. Isso pode levar algumas pessoas a confundirem ritual com religião. E o que um religioso deve ter nas mãos? O vazio. É dele que tudo nasce, por mais que isso possa não significar nada para a nossa cultura ocidental. Muitos preferem segurar terços, moinhos de oração, tábuas religiosas, livros sagrados e outros objetos religiosos.

Buda, como veremos na historinha que abre o último capítulo, nunca debateu com ninguém. Na maior parte das vezes, os debatedores não estão em busca da verdade, mas da vitória, da imposição do seu ponto de vista. Isso é procedente na política, economia, filosofia, religião, mas para o Budismo não tem o menor significado; é irrelevante para atingir a iluminação, e por isso

Crânio e sobrancelhas raspados, os monges budistas da Cambógia tecem pessoalmente suas túnicas e faixas

dispensável, ainda que algumas seitas budistas o adotem. Sidarta não quis resolver os problemas alheios nem dizer quais são as formas para evitar a decepção com o mundo ou a depressão, ou ainda as desilusões com o apego às coisas, materiais ou não. Ele acreditava que a vida não era um enigma a ser resolvido, mas um mistério para ser vivido, e ele chamava a atenção para não se deixar envolver com os astutos que exploram a tragédia humana em seu próprio benefício, dentro e fora dos templos. Hoje, isso é amplificado pelos meios de comunicação, que se transformaram em poderosos meios de convencimento tanto para o bem como para o mal. Pregadores religiosos devem ser sempre avaliados. Há os que falam muito, usam de tecnologia para convencer sua plateia, e, algumas vezes, apenas repetem e repetem e jogam palavras fora. Os sábios, seja lá a que cultura ou religião pertençam, falam pouco, ou não falam, porque sabem que nem tudo o que sabem pode ser dito. É preciso distinguir com clareza as palavras que revelam e as que escondem o que se quer saber.

O Buda era um homem puro, e a pureza não tem época. Não está condicionada historicamente como a moral! Ele apresentou uma senda para que as pessoas decidissem livremente se queriam ou não seguir. Quem se preocupa com enriquecimento, fama, poder, com sua imagem na sociedade, não pode ser simultaneamente um budista. Buda ensinou que quem se conhece nunca fica perturbado com o que os outros pensam a respeito dele.

Antes de ensinar, Sidarta procurou aprender com os homens do seu tempo, pois sabia que ninguém, nem mesmo ele, pode ser professor sem nunca haver sido discípulo. Contudo, é bom saber que no mundo existem muitos professores, mas poucos mestres. Os primeiros são cultos; os segundos, sábios, capazes de mudar a vida dos homens e do mundo. Cabe a cada um distinguir o que é uma coisa e o que é outra. Crença cega, excesso de confiança, louvação desenfreada, culto à personalidade e admiração elevada às últimas consequências não ajudam a distinguir um professor de um mestre. É preciso conhecê-lo criticamente para distingui-lo e entender que, por mais sábio que seja, também está sujeito às impermanências no mundo. O próprio Buda estava submetido a elas, tanto que morreu, não ressuscitou nem vai renascer. O que permanece é a pureza dos atos e intenções, porque estas existem na iluminação, em que a mente impura não mais interfere nem manipula. Buda veio ao mundo para renascer pela última vez e demonstrou ser paciente, o que significa estar pronto para esperar infinitamente, mas não propôs que as pessoas o imitassem. Ele não propunha que alguém se apossasse do seu ideal de iluminação, porém que fosse autêntico na busca desse caminho. A iluminação é de cada um, ou seja, cabe a cada indivíduo compreender quem realmente é. Cada pessoa poderia, se quisesse, torná-lo um exemplo a ser seguido, mas nunca imitado. Novamente, corre o risco da farsa quem tenta imitar Napoleão ou o próprio Buda. É mais uma armadilha da mente impura, que cria o futuro e esconde que o presente é tudo o que existe.

Como explicar para a humanidade que o apego é diferente do que se entende por amor? Amar alguma coisa é se apossar dela? Sidarta deixa bem claro que se apegar não é amar. O apego é o veneno que mata o amor. A pessoa torna-se prisioneira do que conquista se essa conquista não for feita com amor. Cada propriedade que se adiciona ao patrimônio pessoal é mais um elo que se põe na corrente. É mais uma preocupação que ocupa a atenção da mente impura e dificulta sua superação. É bom não esquecer que a mente vive por meio de suas próprias ideias, pensa por suas próprias ideias. Buda listou sete camadas da mente, e entre elas está o inconsciente coletivo. Quem quiser trilhar o caminho aberto por Sidarta tem de entender que ele não foi um filósofo, como dizem os textos, ou mesmo pessoas em aulas e palestras. Pelo contrário, ele foi um antimetafísico e mais de uma vez disse que as questões filosóficas eram tolices. Isso pode ter grande impacto em faculdades de filosofia e grupos de intelectuais, que ririam com arrogância ou demonstrariam pena por uma atitude tão ingênua, ou ainda ficariam indignados com tamanha bobagem. Se Sidarta estivesse lá, simplesmente se calaria. Se tudo isso é bobagem, por que perder tempo? Melhor é continuar vigiando a mente impura, porque ela tende sempre a se mover para os extremos e foge do caminho do meio; ele descobriu que é exatamente ali que ela deixa de existir. Ela inexiste se consegue flutuar entre a amizade e a inimizade, entre o amor e o ódio, entre a ira e a apatia, entre a felicidade e a infelicidade.

Buda ensinou que tudo tem uma causa e nada existe sem razão, por isso a possibilidade de tornar-se um iluminado abre-se para todos os seres humanos, desde que haja condições para isso. Muitos homens iluminaram-se e tornaram-se budas, ou seja, conseguiram interromper o ciclo de nascimento e morte. Sidarta, o Buda histórico, fez palestras, e seus ensinamentos foram passados de geração em geração por meio da tradição oral, e só muito depois foram escritos os hoje conhecidos como sutras. É possível que muita coisa tenha se perdido ou mudado, mas a essência permanece: "Tudo o que surge necessariamente muda". Esse preceito atravessou os séculos e é o ponto básico da doutrina búdica. Se admitir isso como verdade, a mente humana não pode, sob pena de perder a sua liberdade, fixar-se no passado, presente ou futuro. Eles não existem. Como pode a mente se apegar a algo inexistente? A não ser que se deixe envolver pela ilusão e aí se afastar do caminho apontado por Sidarta. Se tudo está em rápida e constante mudança, nada permanece, tudo é vazio. Portanto, para se livrar do sofrimento, é preciso compreender a impermanência e o vazio, ou melhor, compreender que não existe essência duradoura nem individualidade dentro de nós.

Como explicar que o conceito da não existência e da alma? Sem ego e sem alma não se vive em sociedade, e eles são efêmeros, ou seja, existem enquanto a gente existe. Não sobrevivem à nossa passagem por aqui. Sem saber como controlar a mente que gera ilusão sem cessar, o ser humano cria o claro-escuro, bem e mal, feio-bonito e outras dualidades que, na sua essência, não existem. O mundo do dia-a-dia é uma ilusão, uma criação da mente uma vez que não perdura, sofre de constante mutação.

Sidarta tinha uma missão árdua: ensinar que o mundo em que vivemos é uma criação, um produto da mente. Ela é soberana se não for controlada e reduzida a suas reais dimensões, ou seja, polida para que a mente pura possa brotar e permitir que o ser humano veja o que está além das aparências e sentimentos. Buda concluiu que a mente é a raiz do mal. Com isso propõe que compreender a mente é mais importante do que compreender o mal. Mais fácil, porém, é tentar compreender Buda. Certa vez ele disse que nem ele mesmo era capaz de purificar nossa mente. Tudo o que se podia esperar dele era o exemplo, nada mais. O Budismo é uma religião com as práticas fundamentadas na razão. Assim, ninguém está onde está ou tem mais ou menos sofrimento por obra e graça de entidades divinas, mas porque são resultados de ações passadas, ou seja, cada um é responsável por aquilo que está vivendo. Uma das inspirações de Sidarta, ainda na juventude, foi desvendar por que as pessoas morrem e quando isso vai acontecer. A certeza da morte, mas a impossibilidade de se saber quando acontece, foi desvendada depois de sua iluminação. Ele descobriu que a vida é um fluxo constante que pode ser interrompido a qualquer instante. E a vida é um instante atrás do outro; portanto, a morte é a ausência do instante seguinte. Portanto, a duração da vida é de um único suspiro, nada mais. Ele só garante o presente, não o futuro. Quem quer conhecer bem a vida deve entender a morte, o momento da síntese das antíteses que carregamos conosco e não há como fugir delas. É o mesmo que carregar uma bomba atada ao pescoço; onde quer que nos escondamos levamos a nossa destruição conosco. Não há como fugir dessa realidade. Uma coisa contém a outra. Vida é sinônimo de sofrimento, e isso é inevitável, lembrou Sidarta. O jovem príncipe experimentou tudo o que a vida pode oferecer a um membro da nobreza, e quando se afastou de casa foi experimentar viver como um asceta, passar fome e ficar muito magro. Ele sabia

Herodoto Barbeiro ao lado de Monges 02/12/1970

que dificilmente avança quem nada experimenta, quem se deixa levar modorrentamente como um rio de planície. Bem-vindos reveses, dissabores, contrariedades, dificuldades e buracos no meio do caminho. A superação de tudo isso faz parte do aperfeiçoamento e é um incentivo para novas realizações. São os tais desafios que tanto os gurus da gestão do hipercapitalismo exaltam.

Sidarta alertou que nenhum obstáculo é intransponível se a mente está purificada, afinal é possível expandi-la e torná-la tão grande quanto o Universo. Ele iniciou uma luta do homem contra o sofrimento que o sufocava; uma luta na qual estava sozinho e só dispunha das armas puramente humanas. O homem é convocado para ser o agente da prórpria libertação. O método da salvação desenvolvido por Sidarta é pela inteligência, pelo saber e não pela emoção. Não há o fervor religioso. O Budismo fala muito de sofrimento, diz que ninguém pode se subtrair dele, mas nem por isso é uma doutrina pessimista, uma vez que aponta a porta de saída para a salvação, entendida como a iluminação e o fim do ciclo de nascimento e morte.

A Reviravolta

Quando não é apegado a um e indiferente a outro, enquanto não se alegra em excesso com o que é agradável, nem se entristece excessivamente com o que é desagradável — então é um homem de perfeita sabedoria.
Bhagavat Gita

Debate por um alojamento

Em alguns templos zen japoneses, existe uma antiga tradição: se um monge errante conseguir vencer um dos monges residentes em um debate sobre Budismo, poderá pernoitar no templo. Caso contrário, terá de ir embora. Havia um templo assim no norte do Japão dirigido por dois irmãos. O mais velho era muito culto e o mais novo, pelo contrário, era tolo e tinha apenas um olho. Uma noite, um monge errante foi pedir alojamento a eles. O irmão mais velho estava muito cansado, pois havia estudado por muitas horas; assim, pediu ao mais novo que fosse debater.

"Solicite que o diálogo seja em silêncio", disse o mais velho.

Pouco depois, o viajante voltou e disse ao irmão mais velho:

"Que homem maravilhoso é o seu irmão. Venceu brilhantemente o debate. Assim, devo ir-me embora. Boa noite."

"Antes de partir", disse o ancião, "Por favor, conte-me como foi o diálogo".

"Bem", disse o viajante, "primeiramente ergui um dedo simbolizando Buda. Seu irmão levantou dois dedos simbolizando Buda e os seus ensinamentos. Então, ergui três dedos para representar Buda, seus ensinamentos e seus discípulos. Daí, seu inteligente irmão sacudiu o punho cerrado na minha frente, indicando que todos os três vêm de uma única realização".

Com isso, o viajante se foi. Pouco depois, veio o irmão mais novo parecendo muito aborrecido.

"Soube que você venceu o debate." Falou o mais velho.

"Que nada!", disse o mais novo, "esse viajante é um homem muito rude".

"É?", disse o mais velho. "Conte-me qual foi o tema do debate."

"Ora!", exclamou o mais novo. "No momento em que ele me viu, levantou um dedo me insultando, indicando que tenho apenas um olho. Mas por ser ele um estranho, achei que deveria ser polido. Ergui dois dedos, congratulando-o por ter dois olhos. Nisso, o miserável mal-educado levantou três dedos para mostrar que nós dois juntos tínhamos três olhos. Então, fiquei louco e ameacei dar um soco no seu nariz, assim ele se foi."

Os fundadores do Cristianismo e do Islamismo, Jesus e Maomé, eram pobres e cresceram pobres como os milhares de meninos e jovens das grandes cidades brasileiras. Eles estavam acima dos bens materiais, eram pessoas desprendidas e sábias. O Buda e Moisés nasceram e viveram em berço de ouro. O líder espiritual judeu viveu nos palácios, com a nobreza egípcia, tomava banho no Nilo e levava uma vida confortável. Só quando descobriu a sua origem e liderou os judeus para fora do Egito é que conheceu a fome, o deserto, a pobreza. Sidarta também viveu, segundo a lenda, no meio de tapeçaria cara, sedas, joias e outras riquezas de um povo que habitava o norte da Índia.

José sabia que o seu filho não era um mortal qualquer, mas os pais de Maomé e de Moisés jamais imaginaram que seus filhos se tornariam líderes religiosos. Suddhodana também não sabia, até que apareceu na cidade um asceta e predisse que um dia Sidarta iria abandonar tudo e virar também um asceta. O soberano guardou para si a predição e tomou providências para que nada desviasse o filho do destino de ser seu sucessor no trono. Até acreditou que a profecia não se realizaria, uma vez que o príncipe se apaixonou por Gopa Yasodhara. Pensava que uma bela esposa, filhos, família e uma situação confortável certamente impediriam o jovem da aventura de virar um mendigo errante, sem eira nem beira, sem luxo e sem as facilidades que tinha (uma espécie de São Francisco oriental). O pai não se deu conta de que o filho tinha curiosidade de conhecer o que se passava além dos muros do palácio, a cidade de Kapilavatsu. O rei tentou impedi-lo mobilizando seus guardas, porém Sidarta esperou um descuido da corte e foi conhecer a cidade proibida.

Sua primeira expedição terminou mal. Encontrou um velho de mais de 80 anos, acabado pela idade, cheio de dores e saudades. Voltou para casa assustado com a ideia de ficar velho um dia, enrugado, sem dentes, com pouco cabelo, visão e audição prejudicadas, braços e pernas finos, e quase sem forças para andar. Como escapar disso? Seria possível impedir a velhice, agarrar-se desesperadamente à juventude e nunca mais soltá-la? Ele não tinha resposta, e por isso resolveu dar outra volta na cidade.

Dessa vez encontrou um homem doente gemendo de dor; estava com a peste. O príncipe ficou ainda mais chocado. Velhice e doença eram o destino de todo mundo. O que poderia ser pior do que isso? No terceiro passeio, ele viu um grupo de pessoas que conduziam um cadáver para ser cremado. Era a morte, o auge do processo de degeneração do corpo humano. Sidarta entrou em parafuso, enlouqueceu. Nada mais o príncipe procurou, a não ser explicações para a morte. Como impedir que acontecesse? Seria possível viver eternamente sem jamais morrer? Outros líderes religiosos resolveram esse problema concebendo a existência da vida após a morte, a ida para um paraíso eterno e, em alguns casos, paraísos portadores das delícias da vida. Assim fizeram Moisés, Jesus e Maomé. Outros tantos líderes religiosos também acalentaram e predisseram a existência do paraíso, ou do inferno. O jovem príncipe se pôs a pensar qual era a causa de tanto sofrimento. Morrer, abandonar tudo, perder a família, os bens tão arduamente acumulados durante a vida... Que desperdício! Leva-se tanto tempo para comprar uma casa, um carro, um colar de pérolas, um quadro, um terno Armani, uma bolsa Louis Vuitton e quando se morre, tudo fica perdido?

Sidarta, então, aos 29 anos, imbuiu-se da missão de superar a velhice, a doença e a morte. Abandonou tudo, deixou suas roupas na floresta, vestiu os andrajos e nem se despediu da mulher, do filho Rahula ou do pai. Cortou o cabelo. Iniciou a busca entre os eremitas do norte da Índia, que praticavam o ascetismo. Aprendeu a não se mover, a ficar em silêncio, a respirar calmamente e a jejuar como um inseto em má estação. Depois de flagelar-se e nada acontecer, não havia resolvido as questões de velhice, doença e morte. Ninguém, nenhuma entidade se apresentou para ajudá-lo. O céu não respondia a sua agrura. Abandonou o método e foi procurar outra saída. O controle dos sentidos e a dor não abriam caminhos para a libertação, eram inócuos. Precisava encontrar outro caminho. Este estava esgotado. Nem mesmo o isolamento contribuíra para que desse um passinho sequer. Todo o tempo havia sido perdido. O que fazer? Suas dúvidas são as mesmas de todos os seres humanos em algum momento na vida. Mesmo os mais ricos, poderosos, hedonistas em um determinado momento se encontram com elas. Não há como escapar. Elas geram as questões existenciais, muitas vezes seguidas de depressão.

Juntou-se aos sacerdotes brâmanes com a esperança de encontrar o que procurava. Envolveu-se em um emaranhado de crenças complicadas, confusas, orações, procissões, rituais religiosos intermináveis, convivência com homens que se denominavam santos... nada. O turbilhão continuava perturbando sua cabeça. Como combater a dor de viver? Tinha a certeza de que viver dói, estabelecer vínculos afetivos com outras pessoas dói, juntar fortuna também dói. Finalmente, convenceu-se de que a felicidade e a alegria trazem dentro de si a dor e o sofrimento. Uma questão insolúvel para o jovem ex-asceta. Veio-lhe o pensamento de que a libertação da dor só poderia estar dentro de si, uma vez que tudo o que vinha de fora não solucionava seus problemas. Retirou-se para a periferia da cidade de Gayz, situada na região setentrional indiana de Behar, disposto a meditar durante seis anos. Logo desistiu. Dessa forma, iria apenas se tornar mais um yoguim, controlar os sentidos e virar um santo. Isso não resolvia sua angústia. Por que se isolar do mundo? Talvez nele estivesse a chave do autoconhecimento e a solução dos infindáveis problemas que sondavam a sua mente, os mesmos que rondam todas as mentes.

O príncipe resolveu vestir-se com sobras de uma mortalha, colocou uma faixa e passou a ir às cidades para pedir esmola. A lenda diz que em uma dessas idas e vindas foi conduzido por forças divinas em direção à árvore da ciência. Parou de pé diante de uma grande figueira e intuiu que ali obteria a revelação suprema; rodeou-a sete vezes, saudando-a, e sentou-se na posição de lótus. Fez a promessa de não se mover até que tivesse alcançado o conhecimento, e para isso estava disposto a permitir que sua pele secasse, a mão murchasse e os ossos se dissolvessem. Estava convicto: ou conheceria a ciência ou morreria. Não era Jesus, com seu retiro de 40 dias; nem Maomé, para inspirar-se e receber a revelação divina; nem Moisés no topo do Sinai, para receber das mãos de Deus as tábuas da lei. Todos eles planejavam voltar de suas missões. Sidarta Gautama, não. Não teria volta. Quando um homem santo se isola, o demônio aparece. Apareceu para Jesus e também para Sidarta. Mara foi chegando devagarinho, trazendo consigo todos os prazeres sensíveis a que nenhum ser humano é capaz de resistir, só os santos. Ele veio com tudo: trovões, enchentes, tufões, raios, enfim todo recurso que pusesse medo no jovem e ele se levantasse e fugisse. Ele continuou imóvel, em êxtase. Nada o perturbava. Sidarta tomou conhecimento imediato de todas as suas vidas passadas; depois, conscientizou-se do estado presente do mundo e então conseguiu compreender o encadeamento das causas e efeitos. Daí concluiu que a ignorância era a verdadeira causa das impressões falaciosas que anestesiavam os homens. Finalmente liquidou com o último pensamento: só uma vida pura poderia arrancar o homem do ciclo de nascimento e morte e da dor que liga um acontecimento ao outro. Mara não desistiu de liquidar com a ameaça de um santo que poderia contestar sua soberania no mundo das sensações e por isso resolveu partir para um método mais brando para dissuadi-lo. Enviou dançarinas, charmosas e sensuais, e nada.

A lenda conta que o Tinhoso tentou mostrar ao príncipe a árdua e imensa tarefa de salvar a humanidade e a dificuldade de divulgar a sua descoberta de como acabar com a dor de viver. Sidarta balançou, mas o amor que dedicava aos homens fez com que optasse por ser um Buda para todos e pela libertação humana. Ele sabia que essa seria a última vez que estaria na Terra. No momento em que se tornasse um Buda, romperia com o ciclo de nascimento e morte que prende todos os homens. Tornou-se o desperto, liberto da ignorância e inundado de sabedoria.

Depois da iluminação, o Buda Shakyamuni, como ficou conhecido o príncipe Sidarta Gautama, iniciou o trabalho de explicar aos homens como poderiam também tornar-se um buda. Um igual a ele. Viveu mais 45 anos peregrinando e ensinando, ao contrário de Jesus, que morreu aos 33 anos e teve muito pouco tempo na Terra. Ele é um personagem identificado pela história, por isso é chamado de Buda histórico. Os demais não têm comprovação científica de suas existências e não há dúvidas que Sidarta existiu.

Sidarta ensinou que as práticas espirituais só adquirem sentido se puderem ser aplicadas no dia a dia e não ficarem condicionadas somente ao momento que se entende como o instante da religiosidade. Tudo aquilo que é contrário à razão, não deve ser considerado como pertencente à Doutrina do Mestre. A busca do caminho do meio é incessante, não está confinada a determinadas ações, mas faz parte de tudo o que se faz. Por isso é preciso ter sempre em mente as Quatro Nobres Verdades e o Nobre Caminho Óctuplo. Eles representam a saída para a experiência da existência limitada na qual são vividas as etapas de nascimento, crescimento, envelhecimento, doença e morte. Buda ensinou também que a alegria e o sofrimento constituem-se em um só elemento e não podem ser separados. Um contém necessariamente o outro, embora pareça estranho afirmar que a alegria é a semente do sofrimento e vice-versa. Portanto, para cada solução existe um problema correspondente. Ainda assim, todos os seres buscam a felicidade e lutam para evitar o sofrimento, e isso vale tanto para os budistas como para qualquer outro ser humano. Quem não quer fugir do sofrimento? O difícil é saber como. Não se sabe que na raiz de tudo está o apego e o mundo irreal criado pela mente, que nos engana quando nos leva a acreditar que tudo é permanente e nada vai mudar. Não há o que fazer.

A mudança ocorre quer queiramos ou não. As mudanças arrastam-nos em direção ao desconhecido. Não há adivinhos, nem gurus, nem consultores capazes de dizer o que vai acontecer no futuro. O máximo que alguns conseguem é ver o presente, ainda assim toldados pela visão ilusória da permanência. Mas é preciso aprender a olhar e ver a não permanência em tudo e não ter medo das mudanças. Para entender a essência do Budismo, é preciso impedir que a mente se torne um pote virado de boca para baixo, pois assim não pode conter nada; ou um pote rachado, por onde o que se aprendeu se esvai; ou ainda um pote envenenado, onde tudo o que se deposita é corrompido e distorcido. Para entender os ensinamentos é preciso ter mente aberta, capaz de reter o que aprende e livre de preconceitos. Buda não desejava convencer ninguém de que era o dono da verdade. Pelo contrário, sempre disse que ninguém deveria acreditar no que ele dizia, mas que deveriam experimentar, testar, sentir, manter uma posição crítica sobre os seus ensinamentos. Um deles é reduzir o nosso sofrimento e o dos outros. Causar sofrimento a outras pessoas inexoravelmente provoca sofrimento em nós mesmos. Não há como escapar disso; contudo, para ajudar é preciso enxergar liberdades que a outra pessoa não consegue ver. E isso só é possível por meio da meditação. O método do Buda é um método de salvação pela razão, inteligência, saber e não pela emoção. O mesmo não se dá em outras religiões com tragédias como a crucificação, guerras e terras santas e textos profundamente emocionais.

Sidarta reservou aos animais uma posição especial. Nada de elevá-los a condições de deuses como fizeram os egípcios, mesopotâmicos, povos americanos, hindus e outros. Os animais são reconhecidos como seres sescientes, por isso fazem parte da natureza búdica. Assim um cachorro tem a natureza búdica, como todos nós temos. Contudo, ele não tem consciência nem desenvolve essa natureza, ele não foi despertado para a verdade. Ele vive o Budismo, mas não é capaz de viver por intermédio do Budismo. Só nós, seres humanos, conseguimos, porque somos dotados de inteligência e razão. Viver o Budismo é sentir toda manhã como uma boa manhã, independentemente se está frio, calor ou chovendo. Não é necessário que o Sol saia para que nosso interior permaneça iluminado e isso transpareça no rosto.

Herodoto no retiro em (Sechin)
02/12/1970

Afinal, o que querem os budistas? Querem viver sem nenhum pensamento para o dia seguinte, crescer como um lírio no campo e trabalhar como as aves no ar. Isso é tudo. Sidarta deixou claro que o nirvana é a imutabilidade, o absoluto. Transcender o nascimento é estar liberto da escravidão do carma, é alcançar a condição de Buda.

Sidarta compreendeu plenamente o horror da existência, contudo não se desesperou, nem se lançou sofregamente ao mundo das drogas, sexo e rock'n roll. Não afundou em depressão quando entendeu a encrenca em que o ser humano está metido no período compreendido entre o nascimento e a morte. Todos estão submetidos às mesmas leis da decrepitude e dissolução. Não há como fugir disso. Portanto, acabar com todo o sofrimento é o objetivo final da doutrina.

O Buda Voador

*E se o homem não encontrar
a paz dentro de si,
como pode ser feliz?*
Bhagavat Gita

É mesmo?

O Mestre Zen Hakuin era respeitado por todos os seus vizinhos como alguém que levava uma vida pura. Um dia, descobriu-se que uma moça muito bonita que morava perto de sua casa estava grávida. Os pais da moça ficaram furiosos. No início, a moça não quis dizer quem era o pai, mas após muita pressão falou que era Hakuin. Com muita raiva, os pais dela foram até Hakuin, mas tudo o que ele disse foi: "É mesmo?". Quando a criança nasceu, foi levada a Hakuin, que, nessa altura, já havia perdido a sua reputação, o que parecia não perturbá-lo absolutamente. Hakuin obteve leite, comida, e tudo o mais que a criança necessitava, pedindo esmola a seus vizinhos. Cuidou da criança com todo o carinho. Um ano mais tarde, não suportando a situação, a mãe da criança contou a verdade a seus pais. O verdadeiro pai era um jovem que trabalhava no mercado de peixes. O pai e a mãe da moça foram imediatamente a Hakuin contar-lhe a história. Desculparam-se muito, imploraram perdão e pediram a criança de volta. Enquanto entregava a criança, de boa vontade, o Mestre simplesmente falou: "É mesmo?"

Quando se conta a lenda de um líder religioso não se economizam feitos heroicos como milagres, enfrentamento de forças naturais, duelos mortais com o Satanás, curas fantásticas, poder de devolver a vida para os outros. Isso sem dizer dos superpoderes como voar ou ser onisciente. A lenda do Buda diz que ele voou e sabia de tudo o que se passava no mundo depois que conseguiu a iluminação. Sua voz, quando queria, era tonitruante (outra vez lembra o fantástico Moisés).

Sidarta teve muito tempo para ensinar sobre como qualquer mortal poderia também tornar-se buda. Não tinha pressa. Assim como Jesus, Moisés, Maomé e outros líderes não escreveram nada. Buda estava disposto a salvar toda a humanidade e não apenas alguns. Apresentou-se diante de antigos discípulos e iniciou a exposição de suas ideias no Sermão de Benarés. Esta é a primeira pregação do Buda:

"Ó monges, sabei que toda a existência não passa de dor: dor é o nascimento, dor é a velhice. Outrossim, a morte é a união com quem não amamos, a separação do que amamos ou a impossibilidade de satisfazer ao próprio desejo. Na origem dessa dor universal, está a sede de existir, a sede de prazeres fruídos pelos cinco sentidos exteriores e pelo sentido interior, e mesmo a sede de morrer..."

Os monges ficaram embevecidos com o que ouviram. Até os animais aproximaram-se para ouvir e acariciar o Bem-Aventurado. Antes que alguém pudesse fazer alguma pergunta, o buda ensinou como encontrar o caminho da libertação:

"Qual será, ó monges, esse caminho do meio descoberto por mim, que abre os olhos do espírito e conduz ao repouso.

À ciência, à iluminação e ao nirvana? Aprendei logo que ele se acha exatamente entre o ascetismo e a vida mundana. Sabei, em seguida, que é um caminho que possui oito ramificações assim chamadas: fé pura, resolução pura, linguagem pura, ações puras, vida pura, aplicação pura, memória pura e meditação pura. Monges, eis a verdade santa sobre a dor. Eis, aí, ó monges, a verdade santa sobre o caminho que leva à supressão da dor, via serena e livre. Eis, monges, a verdade santa sobre as oito atividades puras não afetadas pelo desejo do desejável nem pelo temor temível."

Em outras palavras ele alinhavou e ofereceu à reflexão de todos que os três sinais distintos da vida são o sofrimento, a impermanência e a inexistência do ego. Isto tudo mesmo antes de codificar as Quatro Nobres Verdades e o Caminho Óctuplo. Deve ter sido uma trombada nas crenças da época. Criou mais dúvida do que certeza, mas era isso mesmo que queria. Queria que todos entendessem que o mundo em que vivemos é uma simples aparência e sem natureza própria, e que a vacuidade é a verdadeira essência dos homens, da natureza e do Universo.

Buda vagou durante anos e anos pelo nordeste da Índia ensinando o que havia aprendido nas suas meditações. A lenda diz que era recebido como o verdadeiro salvador da humanidade, e tratado com os títulos mais nobres, entre eles o de Tathagata, ou o Autenticamente Bem-Vindo. Sendo uma doutrina em que a intelectualidade ocupa o primeiro lugar, o Budismo devia fundamentar seu edifício moral no cérebro dos seus adeptos. Ele não procurou a população para ensinar, provavelmente porque sabia a importância que os brâmanes tinham. Eles faziam a cabeça do povo, divulgaram crenças e magias durante séculos, e seria muito difícil mudar, no tempo que lhe restava de vida, o entendimento das pessoas. Esse seria um desafio para seus seguidores nos séculos seguintes. Como a maioria dos outros líderes religiosos, a tradição diz que Buda foi perseguido pelas suas ideias e por ser considerado um subversivo dos costumes locais, uma vez que ele dispensava a intermediação entre o homem e a sua salvação. Cada um deveria agir por conta própria. Jesus e Maomé também foram perseguidos, assim como Sócrates. O Budismo não produziu santos trágicos, mas sábios de um desdém sorridente e indulgente. É uma doutrina rebelde porque considera que obedecer é uma espécie de morte momentânea.

Reis e soberanos curvaram-se diante do iluminado e até mesmo de sua família, que o reencontrou depois de 30 anos. Milhares de discípulos espalharam-se pela Índia e difundiram o Dharma, sua doutrina. Buda peregrinou por todos os lugares até sentir as pernas dobrarem. Estava com 80 anos. Avisou a seus discípulos que ia morrer e queria deixar suas últimas recomendações. Seu principal seguidor, Ananda, preparou-lhe um leito. Buda, como sempre fazia, sentou-se na posição de lótus e disse a Ananda que seria sucedido por um próximo Buda que viria à Terra milhares de anos depois de sua morte e seu nome seria Maitreya. Os monges sentaram-se ao redor de Shakyamuni e ele falou pela última vez:

"Não existe em todos os universos, visíveis ou invisíveis, senão uma única e mesma força, sem começo, sem fim, sem outra lei além da sua, sem predileção e sem ódio. Mata e salva sem outra finalidade além de executar o destino. A morte, a dor são lançadeiras de seu tear; o amor e a vida são os seus filhos. Mas não tenteis medir o incomensurável com palavras, como tampouco mergulhar a corda do pensamento no impenetrável: o que interroga engana-se como engana também o que responde. Não espereis nada dos deuses inclementes, submetidos também eles à lei do carma, que nascem, envelhecem e morrem para renascer e que ainda não lograram alijar a carga de própria dor. Esperai tudo de vós mesmos. Não esqueçais que cada homem cria a própria prisão e que cada um pode adquirir um poder superior ao próprio Indra."

Buda resumiu nessas frases os parâmetros para a meditação de seus discípulos. Recomendou que não se acreditasse em nada ou aceitasse algo verdadeiro pela fé da tradição, da autoridade, da analogia, da revelação ou de um milagre. Ele disse que o Amor e a Vida são filhos da Dor e da Morte.

Em outras palavras, que não existe só Amor. Ou só Dor. Eles só existem juntos. Assim também a Vida só existe junto com a Morte. São inseparáveis. Como as duas faces de uma moeda, que mesmo quando cai no chão, é impossível pegar apenas um lado. Não existe moeda só com cara ou só com coroa. Para formá-la são necessárias as duas. Há uma simbiose interativa entre os opostos e eles se tornam um. Não há só Vida ou só Morte. Há Vida/Morte ou Morte/Vida.

Conta-se que Ananda chorou quando Sidarta anunciou sua morte e disse:

"Como é possível que, com tudo o que te ensinei, ainda possas sentir dor? Acaso é tão difícil a um homem se desvencilhar de todo o sofrimento?"

A solução búdica é uma salvação intelectual, um ato fisiológico. Na verdade a luta contra a ignorância é o grande, o único preceito do Buda.

Em uma tacada só o Buda reduziu os deuses a nada, uma vez que também estão submetidos a todas as leis que se aplicam aos homens. Alguma outra religião existente no mundo sobreviveria a uma situação dessas? Se os deuses sofrem, como podem ajudar os seres humanos a não sofrerem? Buda deitou-se sobre o lado direito e recolheu-se em profunda meditação e mergulhou no silêncio eterno. Estava livre da roda do nascimento, da velhice, morte e do renascimento. A lenda do Iluminado atribui-lhe milagres, curas, sinais dos céus. Diz que o fogo não queimava seu corpo, até que, de repente, acendeu-lhe instantaneamente e tudo ficou perfumado e com cheiro de jasmim. Só sobraram as cinzas, disputadas pelos seus seguidores, e as relíquias para serem mostradas em todo o mundo. Buda, diferentemente de Jesus e Maomé, não subiu ao céu. Simplesmente desapareceu. Ninguém mais pôde encontrá-lo nem pedir que ele intercedesse por algum pedido. Sua obra estava completa e, segundo a tradição budista, ele se juntou a milhares de outros budas que existem neste e em outros universos. Buda deixa o ensinamento que o controle físico e mental estão intimamente relacionados; portanto, quando conseguimos controlar a mente, somos capazes de controlar o corpo. E vice-versa. O caminho para chegar a isso é a meditação. O budista não reza, medita. Mente e corpo agem juntos, não se destacam um do outro. Não há separação possível entre eles uma vez que um não existe sem o outro. Não há corpo sem mente, ou mente sem corpo. É preciso haver harmonia entre um e outro. A desarmonia pode tanto contribuir para as doenças como para um desequilíbrio mental com consequências diretas no cotidiano. Daí a recomendação de meditar sempre, a cada momento do dia em que houver uma brecha. Aponta a busca constante da virtude, o estado constante de reflexão, de atenção, a contínua presença e o domínio da mente, que, em qualquer circunstância, permite ao cérebro a lúcida análise dos fatos.

Buda morreu aos 84 anos como qualquer mortal, como nós vamos morrer. Não subiu ao céu como Maomé e Jesus nem entrou no nirvana. Ele já estava no nirvana desde os 39 anos. Nada mais poderia esperar diante da morte, uma vez que tinha encontrado o estado de consciência plena na Terra, e com isso ele escapou do mundo dos fenômenos, do processo de mudança e impertinência em que todos nos encontramos. Ele era a própria natureza de tudo o que permeia o Universo. Sidarta descobriu que a mente é o *hardware* do nirvana, da iluminação, por isso só se consegue chegar lá como ser humano. O espaço que existe entre o nascimento e a morte é o único que pode ser usado para se descobrir o caminho do meio. É o tempo para se aprender a não se apegar, não desejar; e quando isso acontece, a mente aquieta-se e nenhum pensamento nasce nela. Aí se começa a ver a realidade e a pessoa torna-se um buda e cessa o ciclo do nascimento e morte. A mente desperta não nasce e não morre, ao contrário da mente carregada de ilusão. Ela não vem, nem vai, não tem poder ou posição, não está dentro nem fora, e não deixa rastro. Ainda assim é possível ver que atua em todos os lugares. A mente desperta está em todos os lugares, em todos os momentos, ainda que não tenha forma, nem tamanho, formato, som ou cheiro. Não pode ser tocada. Ela é a nossa natureza fundamental, ou búdica. Sidarta disse que todos os seres humanos são providos dela, ninguém está excluído, nem é preciso aderir a um movimento de inclusão tão em moda. Mas se ela é tudo isso, como não a vemos? Porque nós estamos voltados para as ilusões e impurezas e não para ela propriamente dita. Portanto, podemos distinguir duas mentes: a das impurezas e a búdica. A primeira é incontrolável como um cavalo chucro. Ela é rápida, marota, fingida e gosta de pregar peças. E nós, muitas vezes, nos deixamos enganar por ela. A mente impura derrota nossa mente búdica porque não somos capazes de distinguir uma coisa da outra. Ela faz nosso corpo sofrer. Permitimos que ela se deixe dominar pela enxurrada de ilusões e impurezas que nos são trazidas pelo desejo e pelo apego. Sempre foi assim. A mente ilusória abre mão do poder de controlar os seus atos, o que é um perigo, porque ela controla o corpo e a vida. Não existe no mundo nada mais poderoso do que a mente. Ela é capaz de criar as piores armas de destruição em massa e os mais temíveis demônios, aqueles que nos impedem de dormir à noite ou de passar sozinhos nos lugares escuros. Tudo está contido na mente e nada está fora dela. É melhor não deixá-la à vontade. Controlar a mente dá muito trabalho. Talvez essa seja a maior dificuldade para quem quer seguir o Budismo. A técnica budista tem como princípio fundamental a aquietação dessa mente revoltosa, aparentemente incontrolável. No entanto, no momento em que é dominada, toda a sabedoria simples do Universo aflora como se a tampa de um telhado fosse aberta e os balões de gás pudessem passar e se perder no infinito. A panela de pressão mental se abre e todo o vapor se esvai. Fica a tranquilidade, a visão real, pacífica, sedutora, complacente com a grande tragédia que é o ciclo do nascer e morrer infinitamente.

 A iluminação interior existe em todos os seres humanos. Ninguém é mais ou menos iluminado que o outro, a diferença é que alguns já tiraram mais obstáculos e por isso sua luz é mais visível. Mas o potencial da iluminação é igual a todos os seres humanos.

A busca do nirvana é a busca da consciência no seu mais elevado nível; é a meta suprema de quem pratica o Budismo. É o mesmo que jogar uma pá de cal na cobiça, no desejo, na ignorância e nas impurezas que toldam a mente búdica. O nirvana está além do tempo e do espaço, da individualidade, da vida, da morte e até do sofrimento. O relativo acaba, só vale o absoluto. O essencial é controlar a mente ilusória e libertar a mente búdica.

Ninguém pode dar o nirvana a ninguém. Ele não pode ser doado nem comprado. É preciso trabalhar por ele. Praticar a moralidade ajuda. E a mais importante é não prejudicar os outros. Não basta ajudar o próximo, é preciso não prejudicar. Pode parecer uma sutileza, mas não é. Não prejudicar é um primeiro movimento, ajudar é o segundo, e a prática budista é baseada no olhar interior e no reconhecimento do que se vê. Só assim é possível superar o ego, a mente pública.

É preciso entender a natureza humana como ela é, e não se lamentar ao encontrar pessoas falsas, irritadiças, intransigentes, odiosas, vingativas, intolerantes. Todos deixamos o ego lustrar nossa mente impura. E ainda achamos estar carregados de razão. Nossa mente ilusória prega-nos peças todos os dias. Por isso é muito difícil ser bom, não prejudicar o outro. Por que não nos apropriar de todas as terras produtivas, se elas estão aí dando sopa? Por que impedir que destruam as matas, se os terrenos podem ser vendidos com grandes lucros? Por que separar o lixo se ele pode ser atirado nos rios e carregado para a porta de outras pessoas? Por que conservar um monumento histórico se ele pode dar lugar a um prédio enorme? Nada de abrir a mão de pendengas, de retaliação, de oportunidades de acumular dinheiro. A mente poluída vai dizer que somos idiotas, incompetentes, visionários, para dizer o mínimo. É ela que estimula o salve-se quem puder.

Por essas e outras é que o Budismo deve ser praticado neste mundo, e em nenhum outro, como dizia o mestre Hui Neng. Quem não quer buscar a felicidade!?! Todos os seres humanos, inclusive Buda; contudo ele ensinou que não se pode confundir coisas que só são capazes de produzir felicidade temporária. Achar que felicidade é um carro novo ou dinheiro no bolso é uma ilusão, pois o carro pode sofrer um acidente e o dinheiro, ser roubado. Vão gerar mais dor. Não se pode esperar das coisas mais do que podem proporcionar. O carro serve como meio de transporte, e o dinheiro para comprar. Nada mais. Buda ensinou que as pessoas devem procurar a felicidade duradoura, que não se obtém de força externa. É preciso ter paz interior. Desnudou a origem do sofrimento ao dar de cara com a ignorância, com a falta de conhecimento. Ela é a grande responsável pelo sofrimento do homem, e o drama da vida desenrola-se exclusivamente em nós pelas sensações recebidas por meio dos nossos sentidos. A felicidade está na libertação dos opostos, isto é, ir além do bem e do mal. É vivenciar a relatividade desses conceitos. Eles sempre existiram e sempre vão existir, um não existe sem o outro. São, de novo, as duas faces da mesma moeda. Isto quer dizer que algo não é bom ou ruim, é necessário. O Budismo é uma doutrina na qual a intelectualidade ocupa o primeiro lugar, portanto deve estar fundamentado no cérebro, na razão e não no coração ou na emoção. Daí a desestruturação de tudo o que foi explicado pela fé, tradição, autoridade, analogia, revelação ou milagre. Buda não construiu uma doutrina para intervir na vida social das pessoas, por isso não reconhece o casamento religoso, nem nas escolhas pessoais que todos têm o direito de fazer. A virgindade não faz as pessoas melhores ou piores.

      Ele mesmo não criou o Budismo por mais paradoxal que isto possa parecer. Ele falou de sua experiência pessoal, somente isso. Seus seguidores se incumbiram de sistematizar, organizar, catalogar suas experiências pessoais para que outras pessoas pudessem ter balizas em suas próprias experiências.

Agora é Cada um Por Si

*Atividade é melhor do que inatividade!
Até a conservação do teu corpo exige ação,
nem há santidade sem ação.*
Bhagavat Gita

A resposta do homem morto

Mamiya tornou-se, mais tarde, um professor muito conhecido; mas quando estava estudando sob a orientação de um Mestre, foi-lhe pedido para explicar o som de uma mão batendo palmas. Apesar de Mamiya estar trabalhando arduamente, um dia o seu Mestre lhe disse: "Você não está trabalhando o suficiente. Está muito apegado à comida, à riqueza, às coisas e àquele som. Seria melhor se você morresse". Quando Mamiya veio ao Mestre, na vez seguinte, ele lhe perguntou novamente o que tinha para mostrar quanto ao som de uma mão batendo palmas. Mamiya imediatamente caiu, como se

estivesse morto. "Você está morto, tudo bem", disse o Mestre, "mas e quanto àquele som?"

Olhando para cima Mamiya retrucou: "Oh! Eu ainda não o solucionei". "O quê?", berrou o Mestre, "Homens mortos não falam. Fora daqui!"

Depois da morte de Buda, houve grande dificuldade para limitar os parâmetros da doutrina. O registro que havia era uma coleção de pensamentos estruturados em 11 séculos. Isso quer dizer que ninguém sabe o que realmente foi ensinado por ele e o que foi fruto de reuniões de seguidores que convencionaram atribuir ao Buda este ou aquele preceito. Se houvesse várias versões do Novo e do Velho Testamento da Bíblia, certamente seria ainda maior a separação entre judeus e cristãos de todos os matizes. Os orientais pouco se importaram com isso. Nestes 25 séculos sempre estiveram satisfeitos com o Dharma, sua doutrina, até mesmo quando Buda silenciou e deixou sem respostas algumas dúvidas cruciais. No entanto, todos souberam ao longo do tempo que ele é um salvador incomum, não ajuda ninguém, apenas indica o caminho. De que forma cada um vai andar por ele não é problema do Iluminado. Quem quiser alcançar a salvação interrompendo o ciclo de nascimento, morte e renascimento vai ter de se esforçar, porque ninguém vai ajudá-lo.

Ninguém sabe como realmente Sidarta era nem o que realmente disse. Tudo o que se sabe está envolto na tradição oral de séculos e séculos. A doutrina budista não se constitui em um dogma como conhecemos no Cristianismo. Cristo é filho de Deus. Eis uma verdade religiosa irrefutável, porque é um dogma. Não há discussão. Se alguém pretende ser cristão, deve aceitá-lo e ponto final. Se não, deve procurar outra religião. O Budismo está apoiado em uma disciplina estrita, que é um meio de se salvar. Os homens e os deuses estão condenados a viver todas as transmigrações até alcançar o nirvana. Está excluída tanto a possibilidade de viver eternamente em um outro mundo ou dimensão, como voltar ao âmago do Ser Supremo. Aos budistas restava procurar a raiz do sofrimento humano, identificada como tendo por origem o desejo. Este era o inimigo número 1, o responsável por tudo o que acontecia na vida das pessoas. Desejo é a mesma coisa que dor. Um não existe sem o outro. Se tudo se resume em uma ação pessoal na qual os deuses não podem interferir, tudo depende apenas de cada um, não há também necessidade de um sacerdote, rabino, pastor, xeique, brâmane ou qualquer intermediário.

É um cara-a-cara do homem consigo mesmo. Portanto, também não são necessárias as cerimônias e rituais, ainda que os meios de comunicação concentrem suas reportagens sobre o Budismo nessas manifestações. Nem intermediários nem rituais. Nada. Obviamente que os brâmanes não gostaram de perder a importância que tinham na religião anterior da Índia.

Sidarta lutou com todas as forças para acabar com as crenças populares apoiadas em cerimônias. Nada de ritual. Ainda assim, jamais conseguiu acabar totalmente com elas. O povo queria sinos, genuflexões, mãos postas, mantos, cânticos, tambores, enfim, tudo aquilo com o que estava acostumado. Buda queria acabar com o sentimento subjetivo das crenças populares, apesar de elas nunca terem entendido exatamente o que ele dizia. Ainda hoje uma boa parte das práticas budistas de várias escolas apresenta seus rituais. Depois de sua morte, as cerimônias voltaram a todo o vapor. Basta ver nos templos espalhados pela Ásia, e mesmo pelo Brasil. É comum devotos deixarem alimentos, acenderem incensos, doarem produtos para os diversos Budas cultuados. Milhões de pessoas acorrem aos locais que imaginam ser sagrados para fazer suas orações.

O Dharma não era apenas destinado aos budistas, mas a salvação era para toda a humanidade, reservando aos homens os mais vastos horizontes do aperfeiçoamento espiritual. O homem evolui um a um, por isso é preciso que cada um se esforce por si só. Ele é o único senhor do seu destino, portanto não pode atribuir nem aos deuses nem a outros homens os seus sofrimentos. Sua tábua de salvação é o Dharma, concebido para ajudá-lo a se libertar tanto espiritualmente como psicologicamente.

A mensagem de Buda é que a libertação da morte havia sido encontrada não no céu ou em outro lugar qualquer, mas aqui mesmo na Terra, por meio do caminho aberto por ele. O que propunha não era uma religião, mas um teor de vida prático. Ele é amálgama que une espiritualmente pessoas, e só dessa forma pode ser considerado uma religião. Não é no sentido que o Ocidente emprestou a essa palavra. Sidarta simplesmente ignorou os deuses e as crenças de sua época, para ele era indiferente no que as pessoas acreditavam, elas não eram essenciais para a salvação que propunha. Ele fechou a possibilidade para a existência de um salvador, nem mesmo se considerava um. Era preciso entender apenas que existe uma cadeia eterna de renascimento, o samsara, que só ele descobrira como interromper. E os ritos, as cerimônias, os incensos, os gongos, os monges, isso tudo foi agregado por diversas culturas nos 2.500 anos de Budismo.

É difícil entender como religião uma prática que na sua condição pura ignorava até mesmo a criação do mundo. Humildemente, Buda se considerava um instrutor de homens e deuses. Mesmo estes estavam abaixo dele porque não haviam alcançado a iluminação e eram condenados a sofrer como qualquer um. Ele foi o primeiro a chegar ao nirvana, e dizia que aqueles que estavam no caminho poderiam ser considerados santos.

O mestre Doguem dizia que aprender o caminho de Buda é aprender sobre si. Aprender sobre si mesmo é esquecer de si. Esquecer-se de si é estar iluminado por todas as coisas do mundo. Estar iluminado por todas as coisas do mundo é prescindir do corpo e da mente próprios. Para tentar pôr em prática o ensinamento de Doguem, deve-se preservar o silêncio. A fala do mestre é um encadeamento lógico e seguir adiante trará o entendimento de que a existência humana não passa de miséria. Isso reforça a ideia de que a vida não pode ser modificada apenas ao sabor de nossa vontade. Desrespeitar essa regra proporciona um descompasso entre o que desejamos e o que vivemos de fato; ou melhor, geramos o sofrimento.

É preciso desenvolver o autocontrole, também uma característica da liderança. Meditar ajuda a controlar a mente impura, logo, contribui para o autocontrole. Corpo e mente em harmonia contribuem para o *samadhi* – o estado de consciência profunda. É uma vitória sobre si mesmo, e uma de suas demonstrações é a consciência capaz de controlar a fala, uma das coisas mais difíceis. Falar demais aprofunda os erros, atrapalha a meditação e não contribui para o caminho da iluminação. Temos duas orelhas e só uma boca, e, se possível, devemos mantê-la sob controle. Por que produzir mais dor do que já existe nesse mundo com palavras vãs?

O controle da mente impura proporciona o domínio dos três venenos identificados por Buda: cobiça, ignorância e ira. Esta pode ser desdobrada em raiva, ciúme, crueldade, abuso e satisfação quando outras pessoas sofrem. Como se o sofrimento dos outros aliviasse o nosso. Isso quer dizer que a ira é capaz de destruir a bondade e prejudica o caminho do meio. Devemos nos perguntar constantemente se estamos prejudicando outra pessoas e aumentando nosso carma negativo. A constatação é simples, basta avaliar se as pessoas à nossa volta estão felizes ou infelizes.

Se somos capazes de espalhar a felicidade, por que fazer o contrário? A compaixão é a superação da ira; podemos obter o que precisamos da forma mais humana e búdica possível. O cotidiano, impulsionado pelo capitalismo hiperativo, mantém as pessoas sob constante sensação de insatisfação. Queremos cada vez mais. Se não temos, ficamos infelizes; se alcançamos as metas impostas, novas metas mais difíceis são acertadas. Continua a infelicidade. No plano pessoal, é possível nos acostumarmos a ficar felizes com o que possuímos e satisfazer com tranquilidade as necessidades. Os budistas querem alcançar o nirvana, por isso a preocupação de acumulação desnecessária não faz parte de suas prioridades.

Outras religiões estabelecem penitências para que seus seguidores sejam perdoados dos erros que cometeram. Buda considerou isso irrelevante. Uma vez que a pessoa reconhece seus erros e se arrepende, deve ir adiante. Uma vez corrigidos, eles não devem atrapalhar a mente búdica nem as meditações. Por isso o Budismo tem de ser praticado o tempo todo e em tudo o que se faz; não se deve parar nunca de praticar. Isso não é um encargo, mas um doce relaxamento, que faz a vida fluir de uma maneira melhor, e tudo o que se faz, trabalho ou não, torna-se uma grande e saudável brincadeira. O reflexo imediato é a calma, o bom humor, a descontração e a amizade. O que é melhor que a coincidência de tudo isso? Quem vai bem no mundo da acumulação dificilmente vai bem no caminho do meio.

Buda foi muito duro ao definir que a vida é insatisfatória e que ninguém consegue escapar da doença, da velhice e da morte. Então devemos nos conformar que a decadência física e a morte são inevitáveis? Acender uma vela e encomendar a alma? Não, devemos entender racionalmente que é possível escapar de tudo isso com a mente búdica existente no interior de todos os seres humanos.

Há muitas formas de percorrer o caminho em direção à iluminação, e uma delas é ser paciente e entender que, geralmente, as reações imediatas provêm do ego. O que fazer? Ser paciente, não reagir com o ímpeto que o ego nos impõe. Assim como no Cristianismo, o Budismo recomenda que não se julgue ninguém. Julgar implica dar uma sentença, e o risco de errar é imenso. O Budismo é uma religião que tem início e fim na própria mente, o que quer dizer que ninguém pode progredir no caminho da iluminação por ninguém. Por isso é preciso dominar o ímpeto que o dia a dia provoca em todos nós. É uma luta constante, sem trégua, que, muitas vezes, continua mesmo quando estamos dormindo. Por isso é preciso estar sempre vigilante para conter a mente impura – o ego – e liberar a mente búdica. Faça um exercício prático: cumprimente um colega pelo sucesso alcançado. Você é capaz? É capaz de elogiar mais do que diminuir o comportamento alheio? Aparentemente, é fácil. Experimente.

Sidarta pregou durante muitos anos, sem a intenção de converter quem quer que fosse para suas convicções. O que ele queria é que as pessoas experimentassem o caminho da iluminação, utilizando a sabedoria o quanto fosse possível, o conhecimento e a inteligência. Nada de catecismos ou sermões convincentes, nem doações de qualquer espécie, afinal tudo isso para ele não tinha a menor importância, e a Índia vivia em uma fase pré-capitalista. Ele sabia que mais cedo ou mais tarde todas as pessoas, inclusive ele, iriam ficar cara a cara com o envelhecimento, a doença e a morte. Para ele era evidente a natureza inexorável da vida e as agruras que todos os seres humanos sentiam. Portanto, se Sidarta iluminou-se e encontrou o nirvana, por que se incomodar com os outros? Pura compaixão. Era capaz de indicar o caminho desde que cada um decidisse se queria ou não seguir. Cada um por si. Ele era o farol iluminado. Se ele alcançou o nirvana, qualquer pessoa pode alcançar também, pois era um homem igual a todos os outros.

Para o príncipe dos shakyas uma pessoa é a combinação de matéria e mente, e esta é uma combinação de sensação, percepção, ideia e consciência. A compreensão da vida apenas por meio dos sentidos é ilusória, uma vez que os fatos são relativos e podem ser interpretados e vividos de forma diferente. Jesus disse que este não era o seu mundo. Para o Buda, este era o seu mundo. O mundo de Jesus estava além da morte, o do Buda, aquém. E é neste mundo que se acumulam os sofrimentos e apegos às coisas materiais e sentimentais. Assim, perder uma propriedade pode provocar tanta dor como ser rejeitado por não ter uma aparência considerada agradável. Buda diagnosticou que é a mente que cria o sofrimento. Nada pode impedir que o ato realizado dê seus frutos. O céu e o inferno não são lugares reais, mas criações imaginárias de espíritos ignorantes. Para seguir o caminho, era necessário comprometer-se a praticar os ensinamentos, ou o Dharma. Nada mais. Ninguém precisa ser vegetariano, abster-se da carne de porco, fazer ritual de passagem, orar em voz alta, bater no peito, pagar qualquer dízimo para o templo, educar seus filhos na religião ou ir regularmente aos cultos para ser budista. Segundo Sidarta, a felicidade verdadeira e duradoura está nas profundezas da mente. E o passo inicial para isso é a meditação.

    Sidarta não morreu de forma gloriosa como Jesus na cruz, não subiu ao céu como Maomé, não vislumbrou a Terra Prometida como Moisés. Simplesmente deitou na beirada da estrada depois de um farto banquete onde comeu carne de javali e expirou. Até o último instante alertou para se ter cuidado com a ignorância, que a salvação do sofrimento era um ato intelectual e que o saber é o mais importante instrumento. A doutrina do Buda é por essência uma doutrina da luta, da revolta e da confiança ilimitada nas forças humanas.

    Ainda que a humanidade não seja apenas a soma de seres humanos, as forças de cada um de nós são capazes de afastar os geradores da ilusão como a ganância, que é o primeiro passo para

Buda e dois discípulos (Stela Pala, arte de Bengala, séc. XII)

o apego à falsa noção de individualidade. A ganância é o excesso. Todos podem lutar pelo razoável, seguir as normas éticas. O desejo excessivo, incontrolável, gera mau carma na medida em que embota a mente verdadeira e espalha infelicidade nos que convivem com o ganancioso. O Buda dedicou parte do seu tempo para ensinar os homens a controlar a raiva, considerada por ele a pior das impurezas, e ninguém pode se eximir de responsabilidades, porque "estava cego de raiva". Ela ilude quando as pessoas acham que raivosos vão conseguir muito mais do que precisam.

A busca da aprovação e do respeito social é um desejo do ser humano, mas é preciso saber onde termina a humildade e começa o orgulho. Este tende a crescer incessantemente, humilhar as pessoas e endeusar o praticante. É um semeador de ódios e revanchismos que vão gerar, certamente, no futuro, mais dor e infelicidade. O orgulho nos engana quando permitimos que ele nos faça crer que nossa falsa individualidade é mais importante que qualquer outro ser. Ele nos conduz a um caminho gerador do mau carma sem volta, ou seja, o orgulhoso quer ser um semideus. Ele inibe o aprendizado, o aperfeiçoamento em todas as atitudes humanas e produz um falso autoamor.

É preciso exercer uma vigilância constante para impedir que a ignorância se torne dona de nossa mente, e para isso é preciso praticar a meditação e expandir a mente búdica, límpida, desapegada da ilusão e os castelos de areia que se desfazem com o primeiro vento.

Monge Tokuda

A Luta Contra a Dor

*Quem a tudo renuncia, jubiloso, alcança,
já agora, a mais alta paz do espírito;
mas quem espera vantagem das suas obras
é escravizado por seus desejos.*
Bhagavat Gita

O dedo de Gutei

O Mestre Zen Gutei tinha o costume de erguer um dedo ao esclarecer uma questão sobre o zen. Um discípulo muito jovem começou a imitá-lo: quando alguém lhe perguntava a respeito do que o seu Mestre havia pregado, ele erguia um dedo. Gutei ficou sabendo disso. Um dia, ao encontrar o menino imitando-o, pegou o dedo do discípulo, puxou uma faca, cortou-o e jogou-o fora. Enquanto o menino corria, berrando, Gutei gritou: "Pare!". O menino parou, virou-se e olhou para o seu Mestre através das lágrimas. Gutei estava com um dedo levantado. Quando o rapaz foi levantar o seu, percebeu que o dedo não estava lá e inclinou-se. Nesse instante, tornou-se um iluminado.

Sidarta não foi nem um teólogo, nem um metafísico. Ele chegou à conclusão de que era impossível viver sem dor. E para acabar com ela, era preciso descobrir sua origem. O Buda concluiu que essa origem era o nascimento. Nascer, sofrer. Envelhecer, perder afeto, bens, tudo aquilo pelo qual tanto se lutou, as mudanças constantes que estragam tudo o que foi construído e, por fim, a morte. Tudo isso provoca dor. Só resta renascer imediatamente e reiniciar o ciclo de nascimento e morte. Agarra-se nas poucas coisas agradáveis existentes na vida, e o restante é sofrimento. Não é fácil dizer isso para as pessoas. Elas não vão gostar, vão procurar um outro líder religioso que ofereça mais. Vida eterna; perdão para os pecados; paraíso; reencarnação sem perder a identidade passada; liberdade de acumular riquezas e outras delícias para a alma e para o corpo. Sidarta preparou-se para dizer aos homens que a vida era uma porção de ilusões, até mesmo o que se falava sobre a morte e sobre o fim dos tempos. A dor é mais profunda que o prazer, uma afirmação terrível para pessoas que, durante a vida, aprenderam que é possível viver prazerosamente, bastando para isso acumular fortuna, ter ao seu lado as pessoas que amam e se afastar dos perigos e dos que o odeiam. A morte, do ponto de vista budista, é a dissolução da forma perceptível aos nossos sentidos, de um grupamento de elementos que vão se reagregar em novas combinações.

Buda disse que a vida é muito pior do que os homens pensam. Ao mesmo tempo, ele não oferece o paraíso, uma vida melhor, mas um árduo trabalho aqui mesmo na Terra, e sem a segurança de que por mais que se esforce, uma pessoa consiga se livrar dos tormentos. Visto desse ângulo, sem falsas promessas, milagres, promessas de vida pós-morte, é realmente difícil conquistar adeptos. Pesquisas sobre o futuro apontam que no futuro haverá menos budistas no mundo. Não é de se espantar. De um lado, a ciência avança para que as pessoas tenham uma vida cada vez mais longeva.

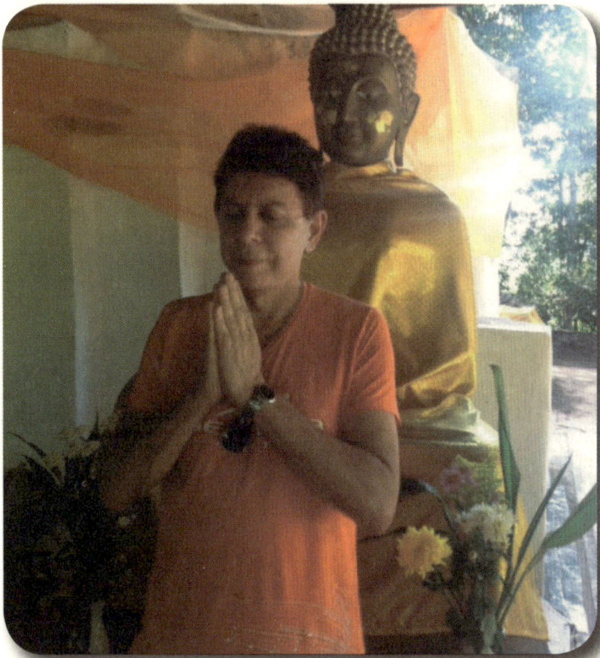

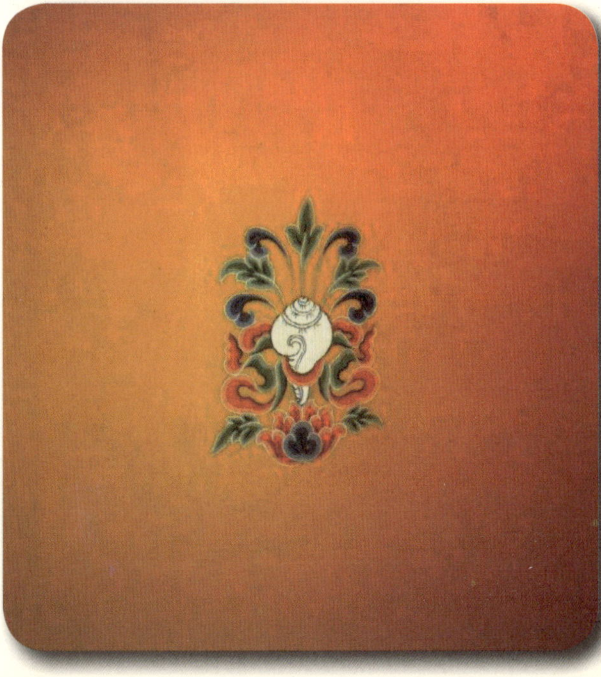

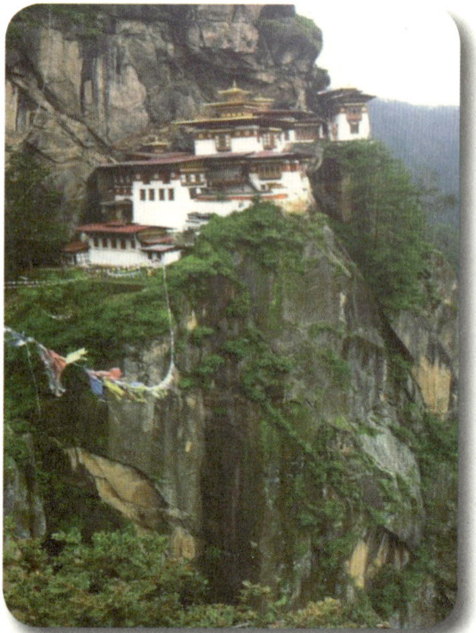
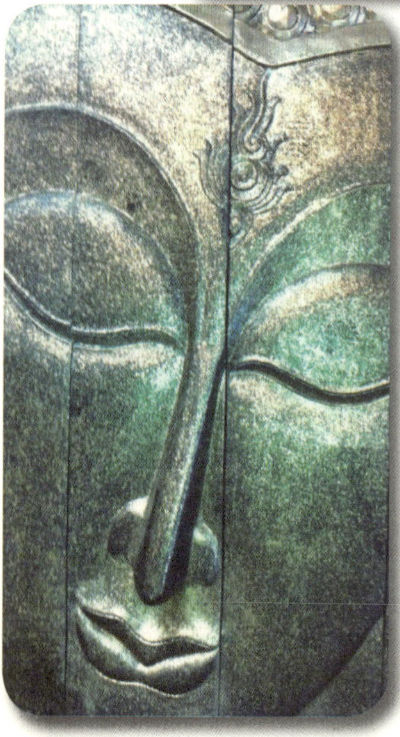
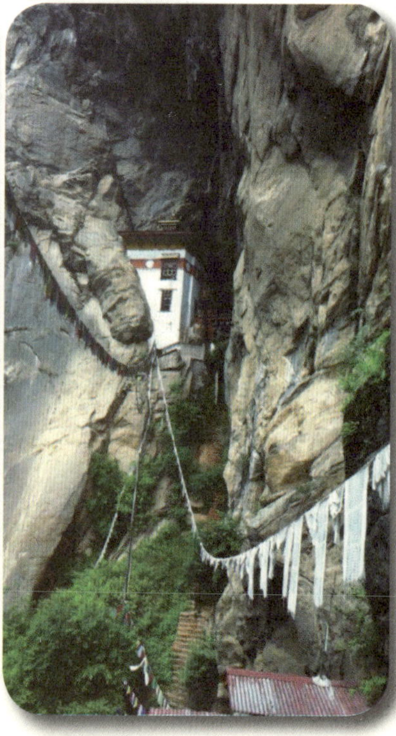

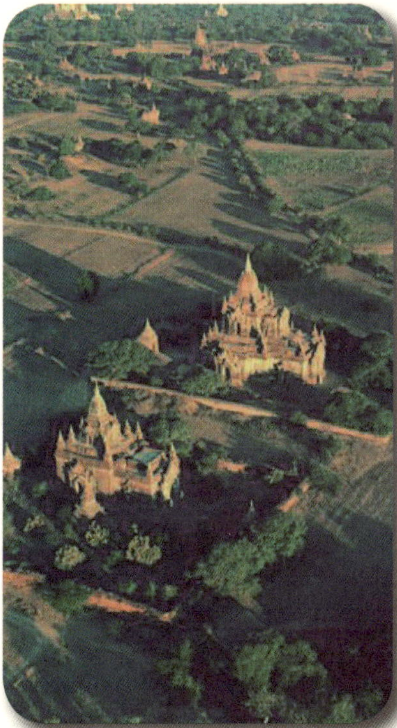

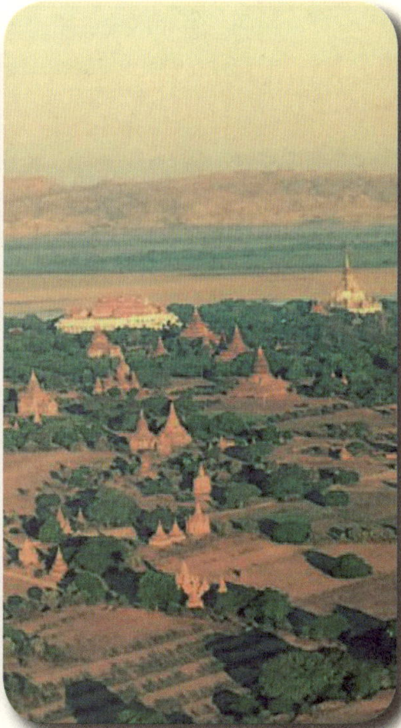

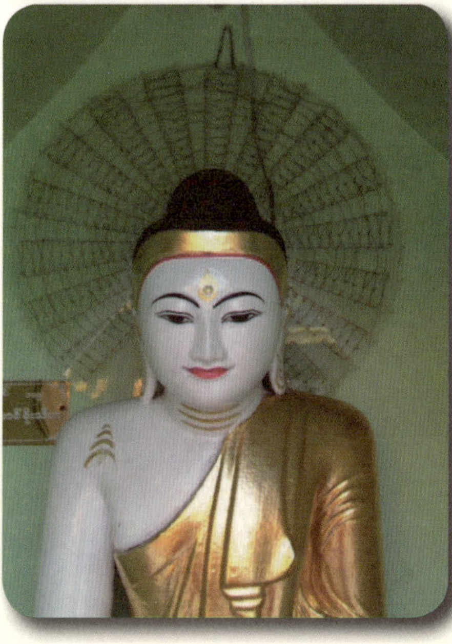

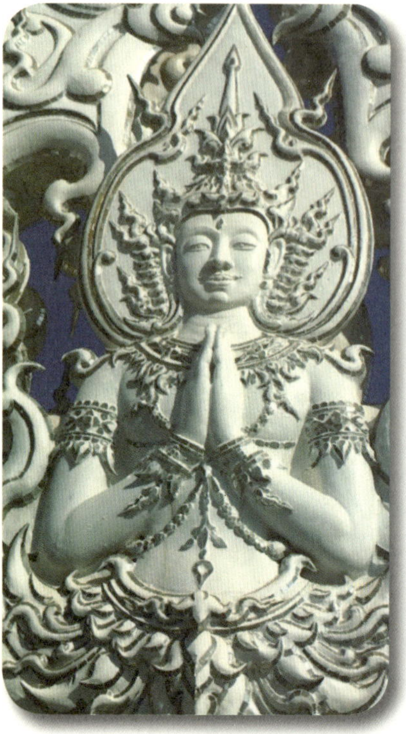
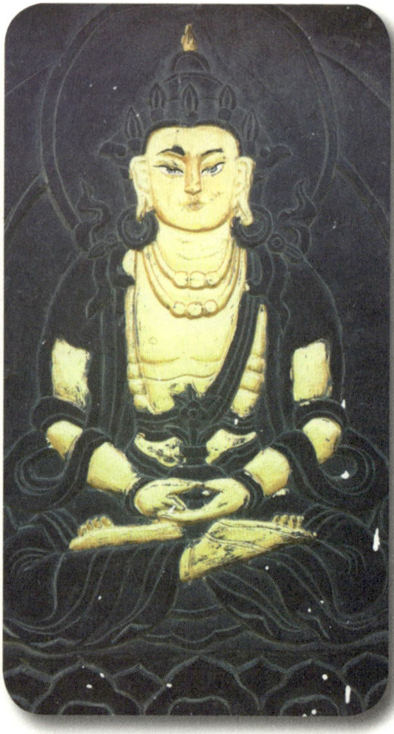
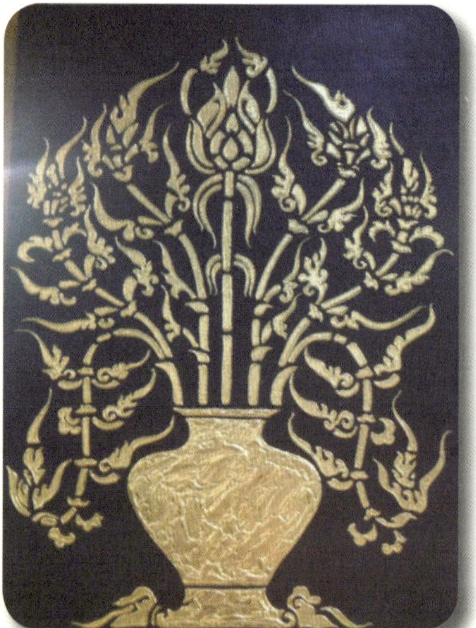

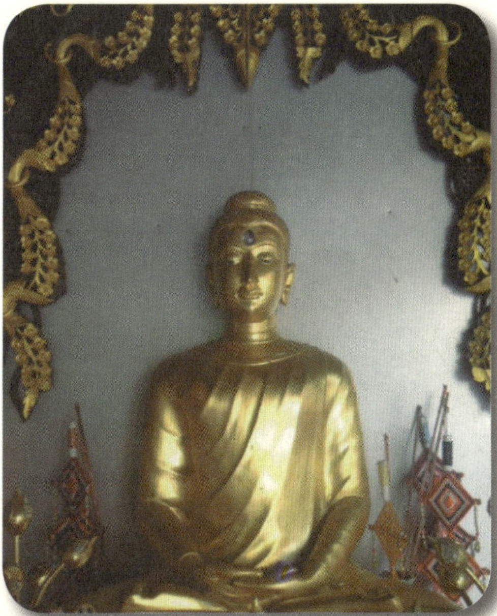

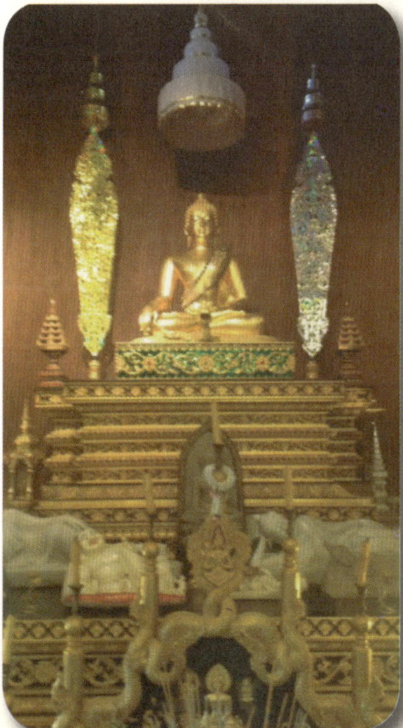

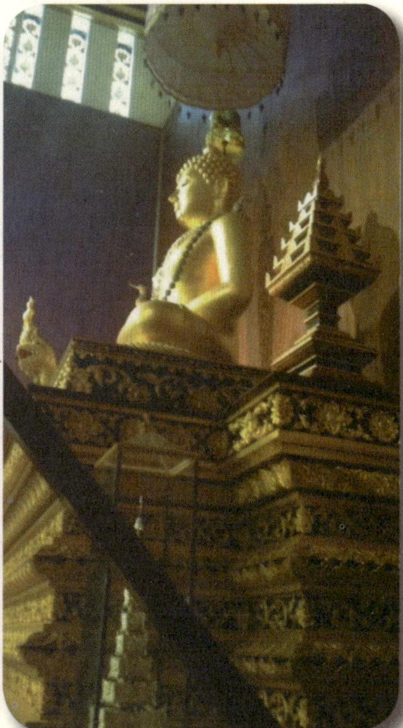

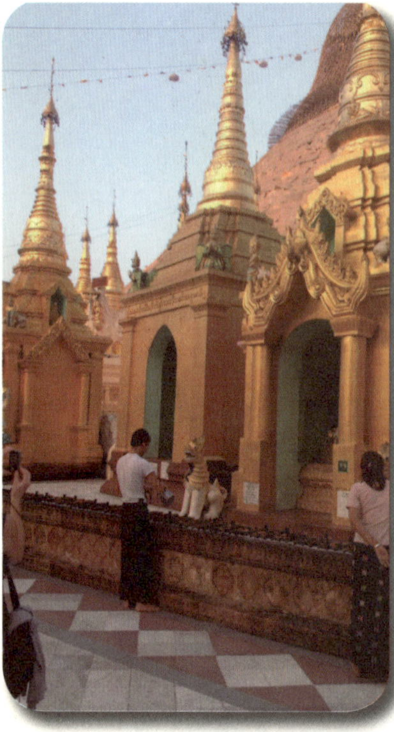
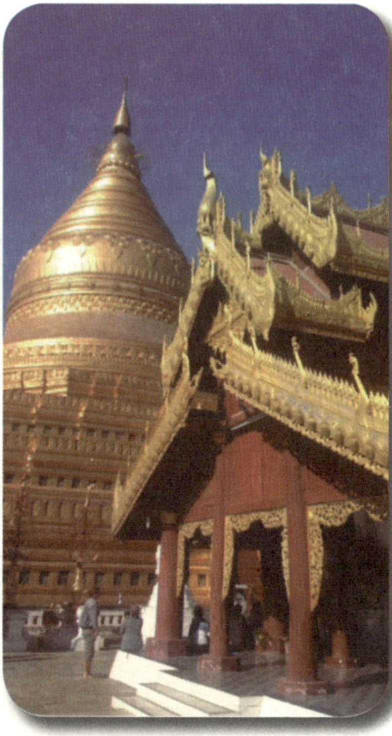
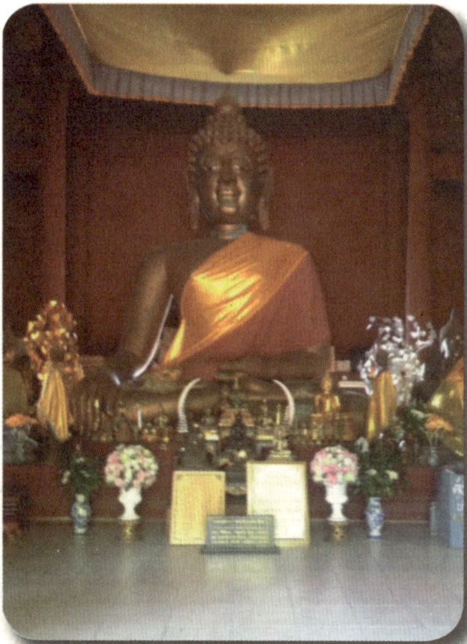

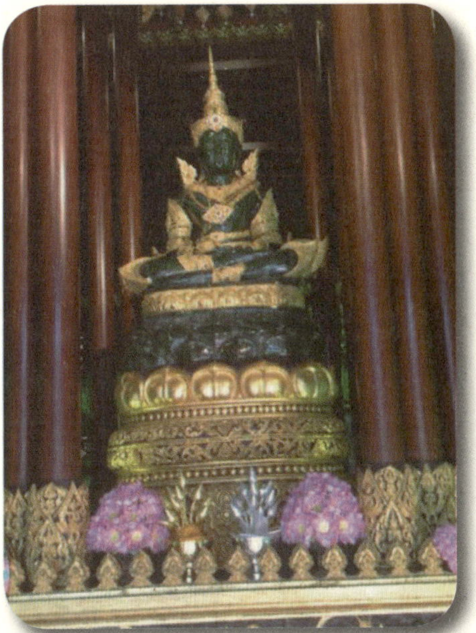

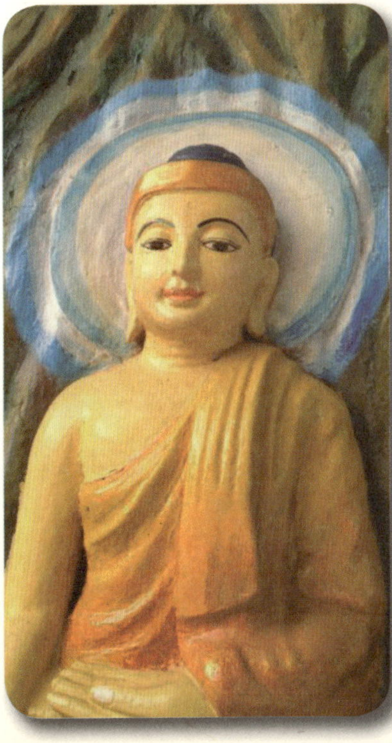

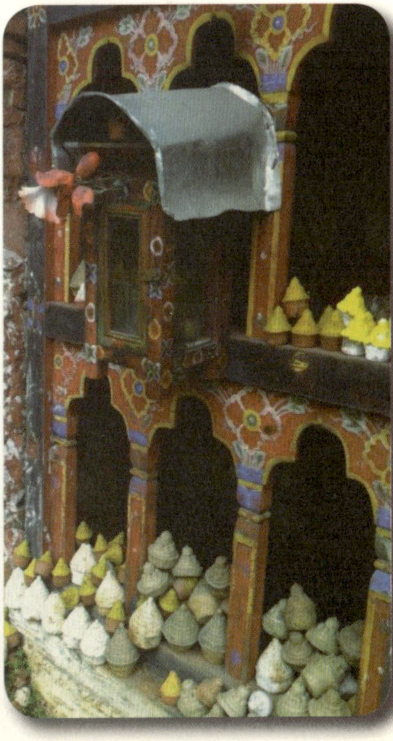

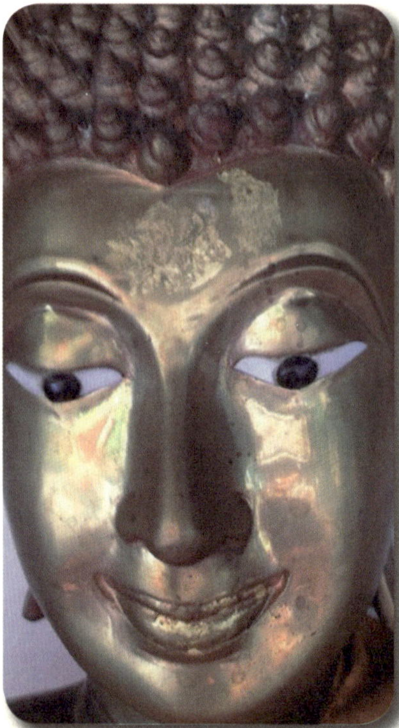
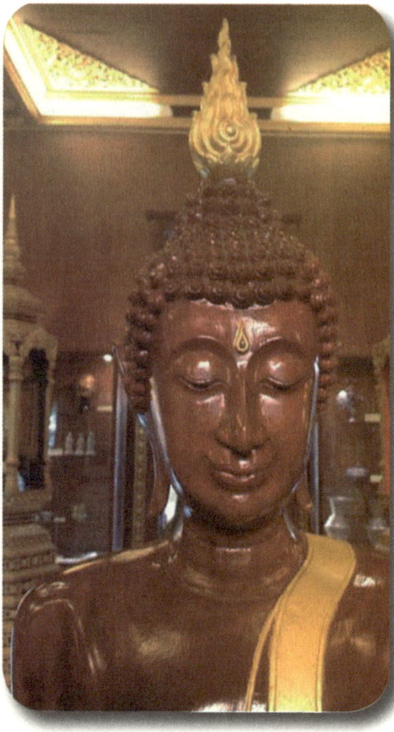
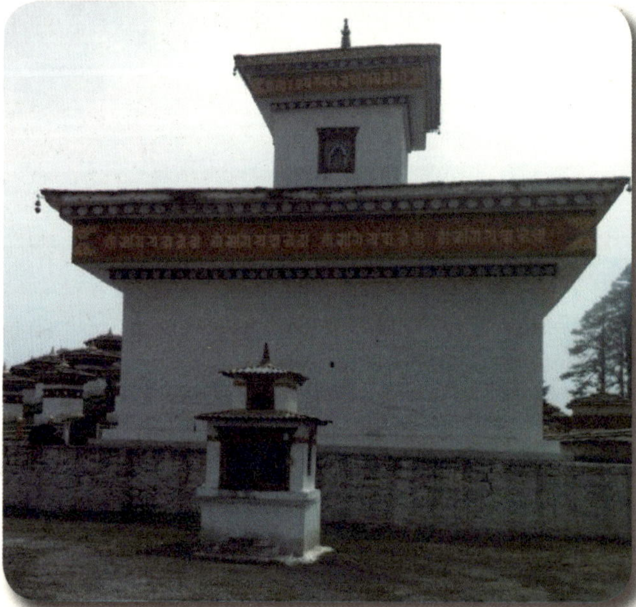

လဲလျောင်းဇင်စက်မြင်
ခွင့်မပြု

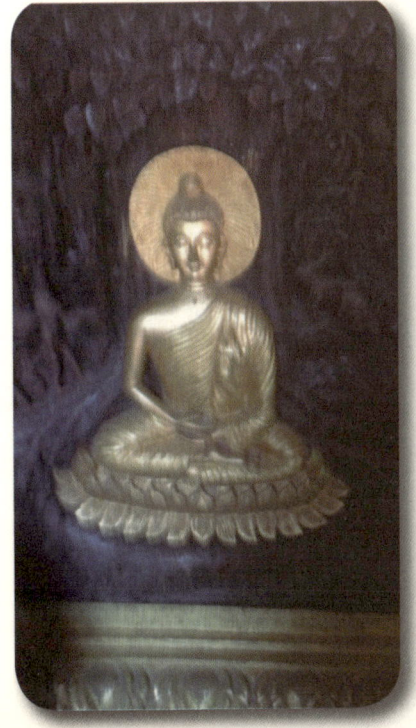

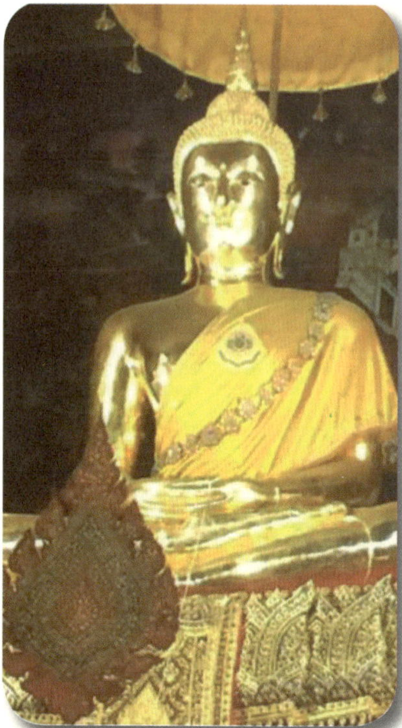

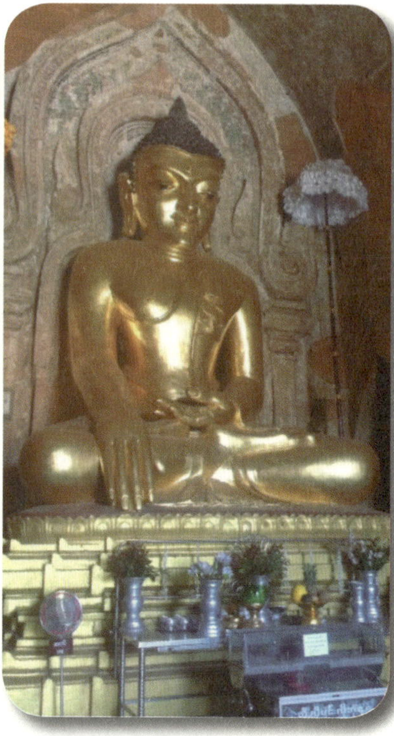

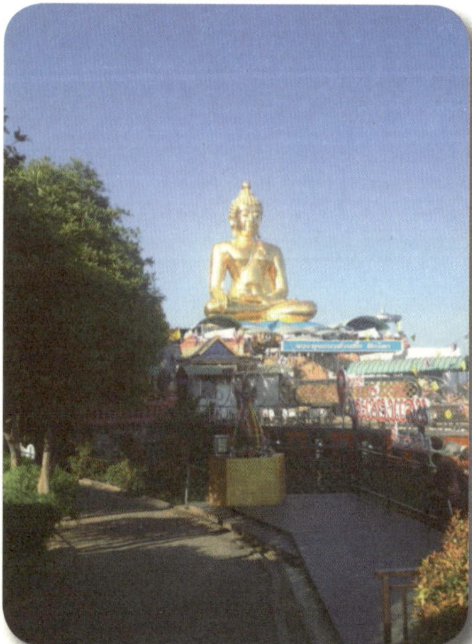

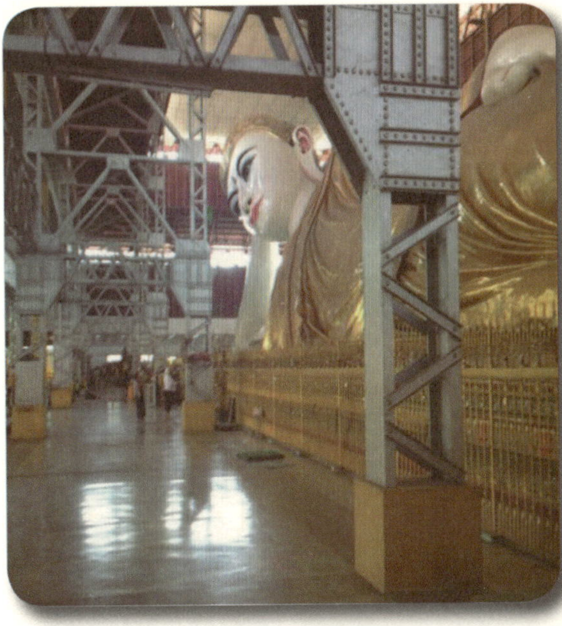

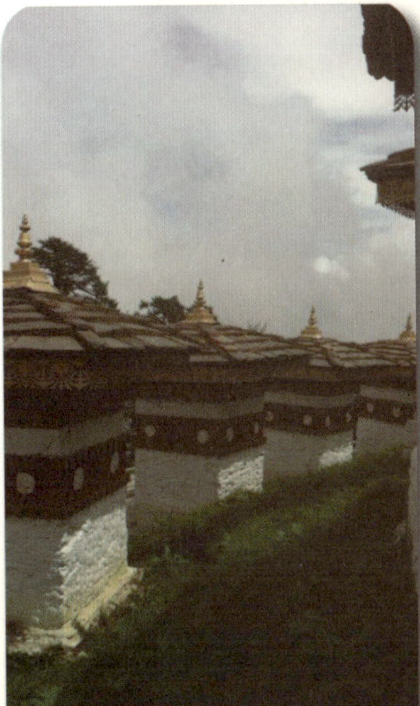

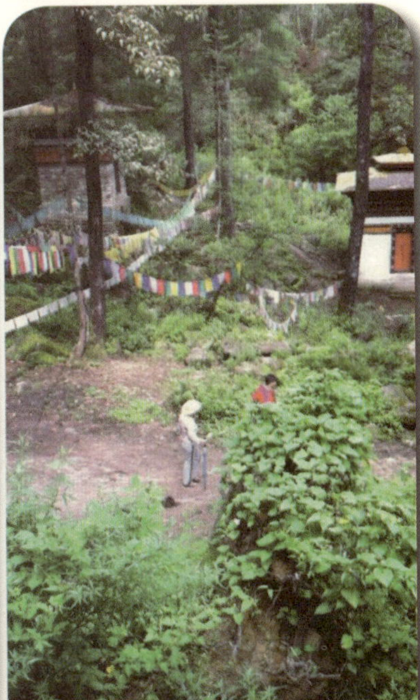

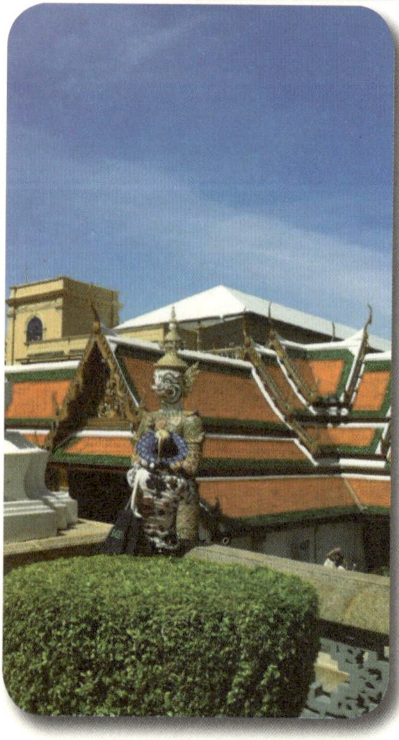

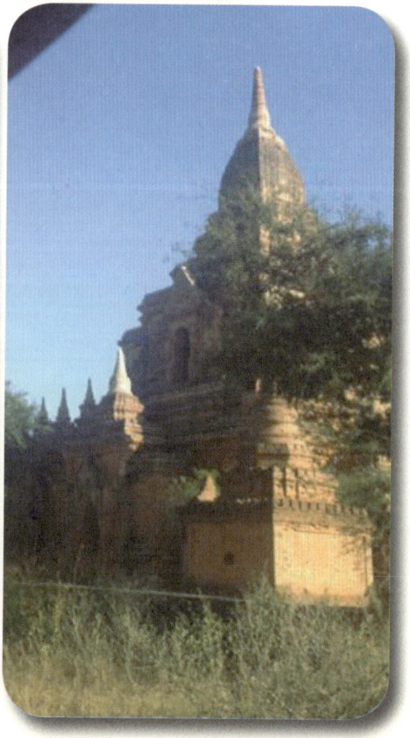

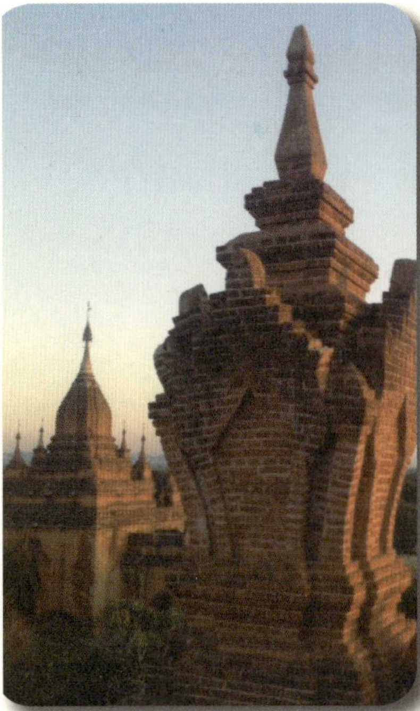
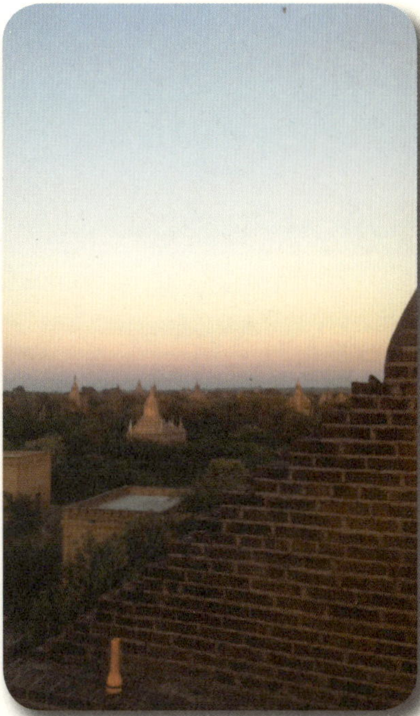
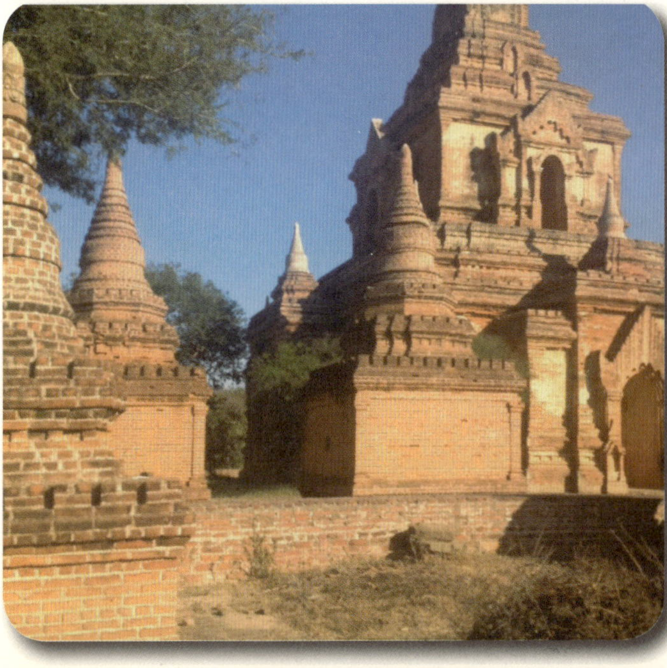

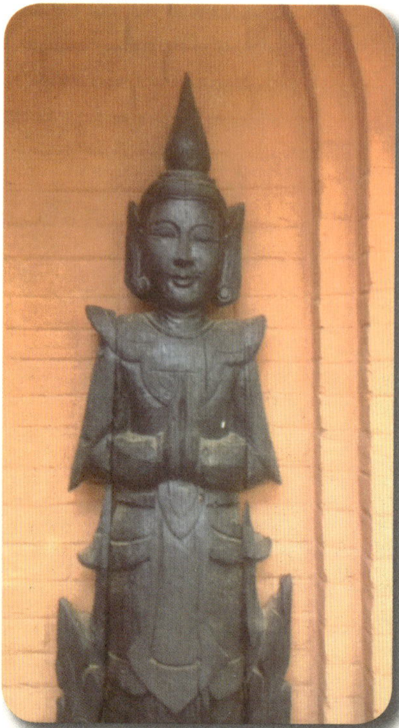
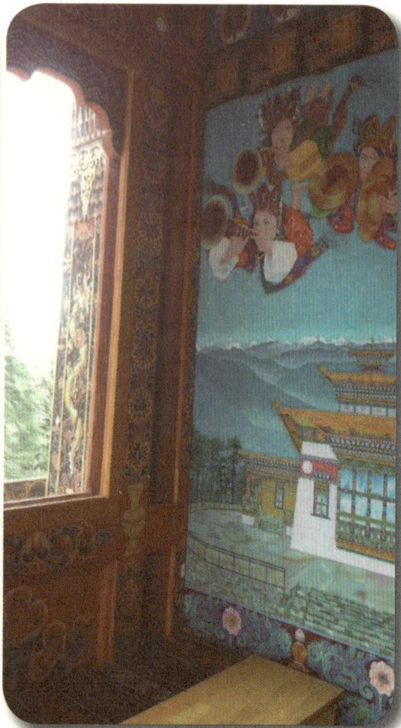
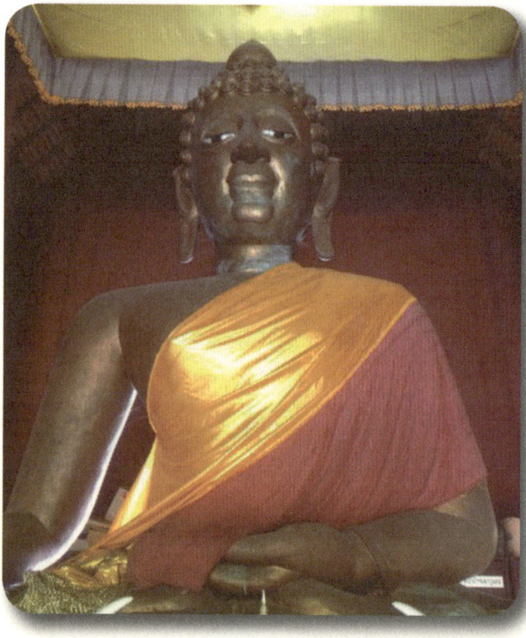

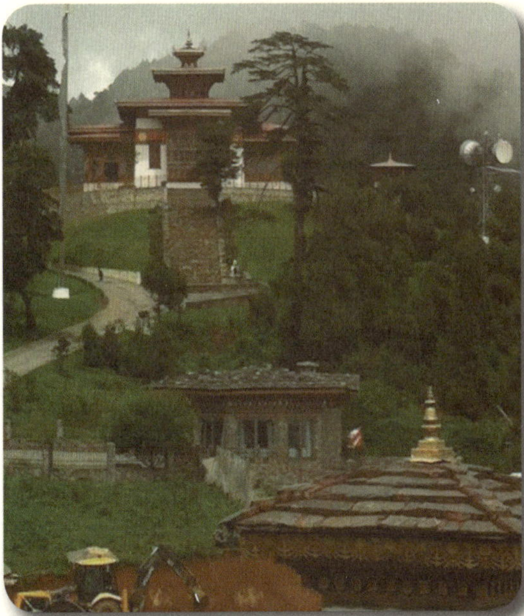

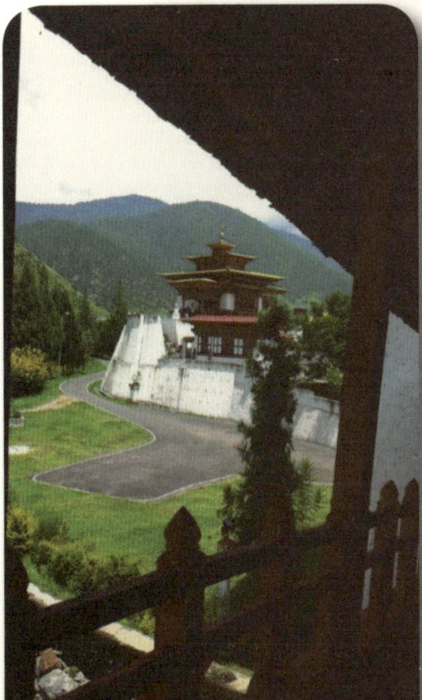

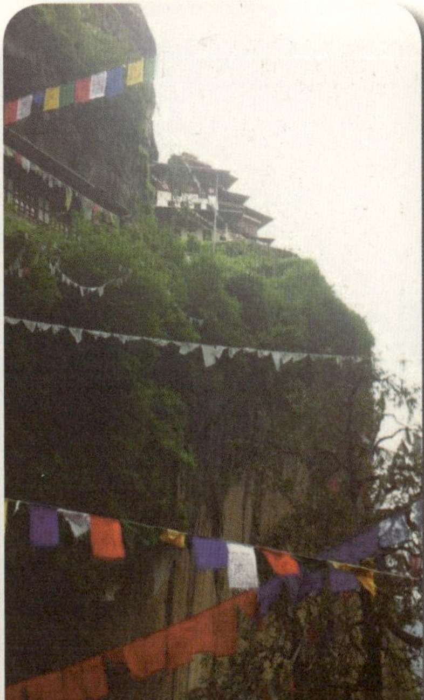

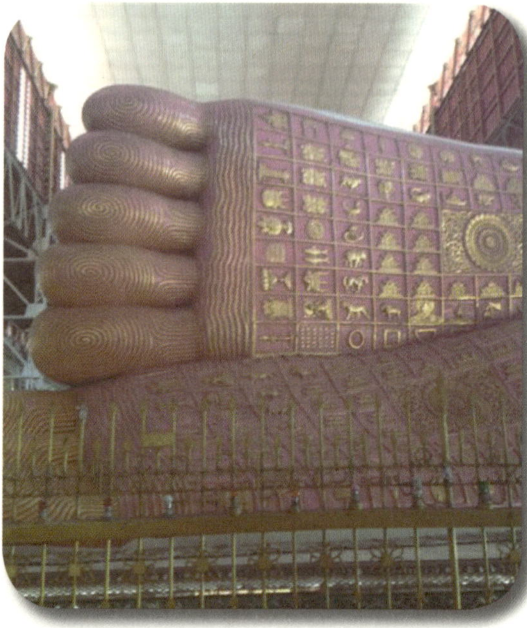

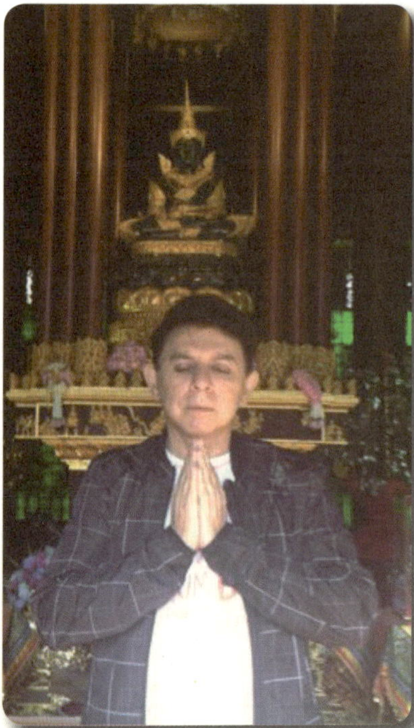

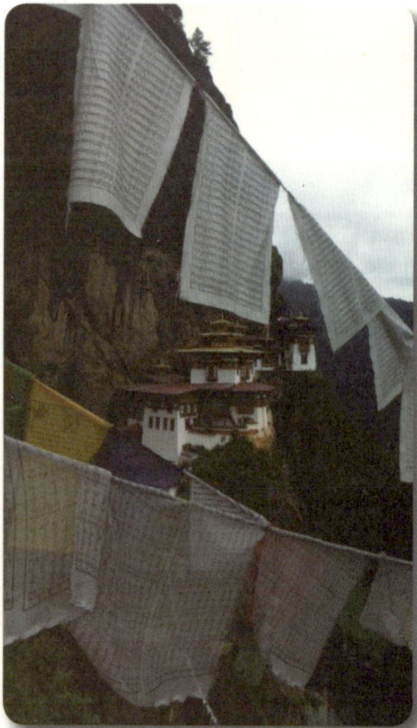

De outro, a sociedade sensorialista cada vez mais confunde a felicidade com o consumir. Isto não quer dizer que o Budismo seja contra a ciência e o desejo das pessoas viverem mais. Terão mais tempo para meditar e encontrar o caminho da iluminação. Outras denominações religiosas oferecem outras possibilidades. Quanto ao Budismo, não oferece nada em troca a não ser a possibilidade remota de libertação. Por isso não espanta a notícia de que o número de budistas poderá diminuir. Ter mais ou menos seguidores não altera sua essência.

Mas, afinal, libertar-se de quê? Do desejo. Segundo o Iluminado, ele é a causa de toda dor. Tudo o que temos, o que acumulamos, o que somos, é fruto do desejo. Em outras palavras: ter é a origem da dor. Quem nada tem sofre muito menos do que quem tem. Pode ser difícil adequar essa postura à sociedade capitalista em que vivemos. É difícil em qualquer organização social, pois o desejo não se restringe aos bens materiais, mas também às ansiedades mentais. E não é só isso. A falta de domínio de si ajuda, e muito. A falta de controle mental, a ira, o desejo exacerbado de sexo, comida, bebida, vingança e outras reações aprofundam o sentimento de dor. Tudo isso contribui para o embotamento da mente, do afastamento do conhecimento e da aproximação da ignorância. Essa é a terceira causa da dor, segundo o Buda. Ele até o final de sua vida insistiu em alertar as pessoas sobre as causas do sofrimento. Repete à exaustão que ninguém deve iludir-se com as aparências: elas são falsas, enganam a mente, não se constituem na verdadeira realidade. Dor, envelhecimento e ilusão são as bases do sofrimento. Estão apoiados no desapontamento das pessoas com a impermanência de tudo.

Tudo é impermanente, está em constante mutação e nada sobrevive eternamente. Ignorar a impermanência também traz sofrimento. Como explicar para as pessoas que não existe nada que tenha sido criado e que já não esteja em vias de desaparecer?

Seguindo esse raciocínio, quando uma pessoa nasce, ela já começa a morrer. Ela contém dentro de si o princípio de sua própria destruição. E nada pode mudar isso. Não há como fugir da morte, uma vez que também estamos em constante transformação e que em um dia somos diferentes do que fomos no outro. Também o nosso corpo está em constante mudança com a morte e o nascimento de novas células.

Sidarta poderia ter utilizado explicações metafísicas para resolver a angústia do ser humano. No entanto, ele optou por deixar a metafísica para o campo do incognoscível e partiu para o agnosticismo, ou seja, posicionou-se metodologicamente de aceitar somente como verdadeiro o que tem uma evidência lógica satisfatória. Nada de metafísica. Só a lógica. Ora, então onde entram os santos, os *bodhisattva*s, os milagres, as forças sobrenaturais? Eles não fazem parte do Budismo original. O que se leu aqui vai de encontro ao Budismo divulgado sobretudo pela imprensa. Buda foi questionado muitas vezes para explicar a origem do mundo, do homem e sobre a vida após a morte... enfim, as explicações plausíveis para qualquer líder religioso que pensasse em juntar gente em torno de si. Contudo, ele dizia que o conhecimento de todas essas coisas não contribuía em nada para conseguir a paz ou a iluminação. E concluía que o que vale mesmo é entender a verdade sobre o sofrimento, suas causas e sua extinção. Disse também que só o homem que compreende se salva. Não disse que é o homem que *crê*, mas aquele que *compreende*, que se livra da ignorância, que é capaz de interromper o ciclo da dor, de salva-se. A palavra salvação aqui não tem o sentido de outras religiões.

Buda deixou claro que as divindades, os cultos e os ritos e forças extra-humanas, não faziam parte de sua doutrina, isso não quer dizer que as condenasse, apenas explicava que a sua proposta nada tinha a ver com práticas religiosas e culturais, ainda que as respeitasse profundamente. Esse é o Budismo original, tudo o que você vê por aí diferente disso ou é um sincretismo, ou uma fusão com culturas locais, ou não é o Budismo. Isto vale tanto para a escola Mahayana, da China e do Japão, como para a escola Teravada, ou Hinayana, do sudeste asiático. Sidarta não queria ser melhor ou pior que ninguém, não se preocupava com isso, não dava importância para mais nada além da sua prática e do esforço de ensinar outras pessoas a se tornarem budas como ele, que foi o primeiro a obter o nirvana. Toda sua doutrina baseia-se na descoberta do sofrimento humano. Nada de guerra santa, nem chibatadas em vendilhões do templo, nem tábuas das leis. Só a busca incessante do caminho do meio. Nada de estátuas de homens, animais, ou mistura dos dois, nem mesmo a dele. Adorar estátuas também não conduz à iluminação; no entanto, nos templos atuais há uma imensidão delas. Conta-se que o mestre Ikyyu certa vez estava com muito frio e ameaçado de morrer congelado. Ao seu lado havia apenas uma estátua de Buda de madeira. O mestre não titubeou em queimá-la para se aquecer. Afinal, para que serve uma estátua de madeira, ainda que seja do Iluminado? Isso reafirma a concepção budista que viver é mesmo um drama, até para uma estátua. Ikyyu meditava e havia abandonado todo e qualquer pensamento para atingir a paz. Como poderia importar-se com um ícone? Quando o Talibã destruiu estátuas budistas com artilharia em uma montanha, nada mais fizeram do que destruir uma manifestação cultural da humanidade. Estátuas não significam nada, ainda que as pessoas tenham o direito de ter tantas quanto quiserem. Eu mesmo tenho algumas em minha, casa para me lembrar que são vazias.

    Nascer dói. Talvez por isso os recém-nascidos choram. Não há como impedir a dor. Ela acompanha os seres humanos ao longo de toda a vida, em qualquer lugar e em qualquer situação. Não há como fugir dela, uma vez que é inerente à vida. Uma não existe sem a outra. A suprema dor é a morte, porque é o momento último de separação, o momento em que uma pessoa se separa de tudo o que sempre amou ou quis: pai, mãe, esposa, filho, irmão, primos, amigos, colegas, companheiros, imóveis, roupas, veículos, conta no banco – tudo. A transformação que o corpo sofre com a morte não permite que ninguém tenha a posse de nada. Pela frente só o desconhecido, o insondável, o plano de onde ninguém jamais voltou. Só resta o renascimento, e com ele um novo ciclo de dor. O Buda reservou para si a ingrata tarefa de dizer à humanidade que a vida não é tão boa como muitos imaginam. Sem dúvida uma tarefa árdua, impopular, desagradável e não condizente com um líder religioso. Nem por isso ele era um pessimista ou alguém desiludido com a existência humana; pelo contrário, estava empenhado em mostrar a todas as pessoas que a ilusão tem diversos graus e depende do esforço de cada um se conscientizar deles e vencê-los.

Não é possível esconder que o sofrimento melhora as pessoas, que é preciso aproveitar os ensinamentos que dele advêm e não arrancar os cabelos e se julgar o ser mais infeliz do mundo. Ele é passageiro e cada vez mais raro quando se vive com moralidade, perseverança, moderação e compaixão.

A dor não tem começo nem fim porque está associada ao ciclo de nascimento e morte. Passam de uma existência para a outra, uma vez que o Buda afirmou que todas as coisas são causadas e todas amparadas por condições. Assim, se as condições mudam, tudo muda. O tempo também não tem começo nem fim, é uma criação da nossa mente, e se um ser ou uma coisa depende de outras para existir, a conclusão é que nenhum ser humano é dotado de individualidade, ou mesmo de uma alma eterna que migra de um ser para outro.

A incompreensão das amarras entre causa e efeito aprofunda ainda mais a nossa dor, uma vez que não se entende nem se aceita a impermanência. Isto é cultivar a ignorância, ou seja, não compreender como as coisas são. O maior problema é viver na ignorância, julgar o tempo, a vida, a impermanência, a relação causa-efeito com a mente da individualidade e não com a mente búdica.

O São Tomé Oriental

*Deus não existe nem inexiste.
Embora residindo em todas as formas,
é ele sem forma.*
Bhagavat Gita

Por que você não se retira?

Tokusan estava estudando zen com Ryutan. Uma noite, Tokusan encontrou-se com Ryutan e lhe fez muitas perguntas. O Instrutor disse: "Já é tarde da noite. Por que você não se retira?"

Tokusan inclinou-se e, ao abrir a cortina para sair, observou: "Está muito escuro lá fora". Ryutan ofereceu-lhe uma vela acesa para encontrar seu caminho. Mas logo que Tokusan a recebeu Ryutan, assoprou-a. Nesse momento, a mente de Tokusan abriu-se.

Diz a tradição ocidental que São Tomé só acreditava no que via. Certamente não é possível compará-lo com Sidarta, mas um

"Na libertação vem a existência do conhecimento: Estou libertado!" — a segunda afirmação. (Arte Khmer, estilo Bayon, séc. XI)

lembra o outro. Afinal, essa atitude é o agnosticismo, ou seja, só se aceitam afirmações desde que haja uma evidência lógica satisfatória. Nada de metafísica. Aos homens não é dado o poder de conhecer os desígnios da divindade. Então, por que perder tempo com isso? Não é melhor cuidar da vida e das questões que envolvem os homens?

Para Sidarta o que valia mesmo era a experimentação, a averiguação, a prova. Mas e a origem do homem, do mundo, dos deuses? Buda não se negou a formular problemas, entretanto contentava-se em apenas formulá-los. Para ele era suficiente, embora, com o tempo, isso passou a ser insuficiente para os budistas que desenvolveram novas doutrinas, diferenciadas do Budismo original. Talvez tenha sido essa concepção agnóstica que levou Lênin, o líder da Revolução Soviética de 1917, a não perseguir o Budismo, como fez com as outras religiões da Rússia. Lênin dizia que o Budisno era intrinsecamente ateu, por isso, compatível com a nova ordem marxista-leninista.[2]

Acima de tudo está a crítica. No Budismo, o que vale de fato é a experimentação e a averiguação. Nada de acreditar. Para Sidarta, era irrelevante discutir coisas que os homens não podiam entender, então, não perdia tempo com elas. Não era melhor descobrir a origem da dor e como impedir o ciclo de nascimento e morte, em vez de discutir a natureza do divino e se os anjos existiam ou não? Ele dizia que um guerreiro ferido por uma flecha precisava permitir que o médico cuidasse do ferimento para que não morresse. Era um atendimento de emergência, e se ele só admitisse o médico depois que lhe contassem quem tinha disparado a flecha, de que material era feito e a cor do arco que a arremessou? Isso tudo era

---

2. Para os budistas, não foi Deus quem criou o mundo. Ele é fruto da nossa mente, que é responsável por todas as nossas experiências.

irrelevante em uma situação de gravidade. Era preciso estancar o sangue, e não se importar com a estética da flecha. Essa imagem reflete bem a situação do homem. A vida é muito curta para ser desperdiçada em discussões estéreis. O ponto central era atingir o desejo de uma forma certeira, acabar com ele, mas para isso era preciso que as pessoas entendessem que ele era a causa de todos os males e se conscientizassem de sua desimportância. A solução consistia em desmontar o ego. Este é o vilão que engana as pessoas e as faz acreditar que o que veem e o que sentem é real. A verdade é que o desejo é um engodo, vazio e cria a ilusão de que o falso é o eu real. E quem é quem? Eu falso é apenas uma abstração da memória, ou seja, são apenas lembranças registradas e que faz de conta que é contínuo. E não é. O eu real é aquele de um determinado momento, concentrado em uma experiência imediata. Isso quer dizer que o que importa para um budista é a identidade do seu eu real e do pensamento presente.

Nada de viver no futuro, imaginando coisas que podem ou não acontecer, ou no passado, com lembranças e fatos congelados como nas fotos. Isso desvia a atenção do presente, impede o eu real de agir, inocula a ilusão e não permite que as pessoas conheçam o seu verdadeiro eu. Nada de guardar fotos. Elas representam um momento que não existe mais, incentivam o apego e todas as emoções que perturbam a serenidade da mente. Budistas não guardam fotos, nem as digitais. Não têm aqueles álbuns que contêm o passado e que voltam à lembrança quando folheados, nem *pen drives* ou HD externos, nem arquivos na memória do computador. O budista vê a foto e a deleta sentimentalmente, ainda que a mantenha no *ipad*. Não se apega a ela nem ao que representa, especialmente aquelas que nos mostram mais jovens e bonitos... Nada de permitir que o passado condicione o presente, ele é único, inesperado, surpreendente, efêmero e realiza-se com uma rapidez enorme.

O oriental confia no seu inconsciente e por isso luta para fazer com que toda a sabedoria que ele contém se aflore. Depreende isso da seguinte observação: o que o mantém vivo é uma série de ações que se desenvolvem inconscientemente como respirar, circular o sangue, ver, sentir, etc. Quem pratica yoga sabe bem disso. O consciente não precisa se movimentar para que tudo isso aconteça, portanto o inconsciente é sábio, na medida em que regula a vida. Segundo Buda, o homem é um agregado de cinco elementos fundamentais que interagem intimamente uns sobre os outros. A isso Sidarta chamou de cinco skankas, e eles são instáveis, dinâmicos e todas as suas 11 combinações também seguem o mesmo modelo. São eles: materialidade, sensação, percepção, conformação e consciência. Tudo em constante movimento, um interagindo com o outro em uma loucura de ritmos e movimentos. Se forem adicionados o intelecto, a noção de espaço e os quatro elementos naturais, a complexidade, as combinações e a velocidade tornam-se ainda mais aceleradas. Cada estado serve de base para um estado seguinte, dando origem ao carma. Este é outro nó da questão para quem quer entender a religião do Buda.

Pode-se entender a origem do carma com a ajuda de Maurice Percheron, citado na bibliografia no final do livro. Ele faz a seguinte concatenação:

- **o desejo aliado à ignorância determina um ato;**
- **o ato executado produz uma impressão e faz surgir a consciência de um eu;**
- **impressão e consciência do eu tendem a afirmar a existência individual;**
- **mas a existência individual não possui outra prova de sua realidade senão os sentidos;**

- os sentidos que separam e que ligam provocam o contato com o mundo exterior;
- ora, o contato é gerador de sensação;
- mas não existe nenhuma sensação que não engendre um apetite, quer de prolongá-la, quer de renová-la;
- o apetite visa à incorporação do objeto desejado;
- essa absorção constrói, assim, um vir a ser;
- todo vir a ser é criador de um nascimento, um estado novo de maneira alguma exatamente semelhante ao precedente;
- ora, todo nascimento, por sua própria razão de existir, comporta já o sofrimento devido à não possessão e à perda, à degradação pelo envelhecimento e, finalmente, ao desaparecimento pela extinção.

Essa era a ideia mestra de Sidarta, em que se apoia toda a doutrina budista. Isso quer dizer que só há momentos presentes, em que o passado condiciona o presente, que por sua vez condiciona o futuro, e por isso tudo está em constante transformação. Buda foi claro ao definir a alma como uma corrente de ideias que engloba sentimento, conhecimento e desejo. A continuidade causal não se rompe nunca. O eu permanente não existe, ele pode ser chamado de eu instantâneo porque só existe por um instante. Contudo, o conjunto de instantes também não forma o eu. Ele foi mais longe, deixando estupefatos os religiosos ocidentais quando chegou mesmo a negar a existência da alma.

Buda em momento algum pretendeu ser mais do que um ser humano. Não era profeta, nem intermediário, nem filho de Deus. Era um homem que resolveu o problema do sofrimento sem nenhuma ajuda de qualquer força externa ou sobrenatural. Apenas constatou a verdade do sofrimento e que existe um meio de libertação mediante o caminho do meio, que transcende os opostos. A isso chamou de Quatro Nobres Verdades. Assim, há dor, há causa da dor, a dor pode cessar e há um caminho de oito sendas que conduz à cessação da dor. Aparentemente simples. Por isso é que não acreditava em milagres nem foi protagonista de nenhum; em vez disso, divulgou que as chaves do pensamento budista são a tolerância e a autoconfiança. Quem tem isso não precisa de mais nada. Não é necessário batismo nem nenhuma cerimônia religiosa. Basta pôr em prática os ensinamentos do Buda, nada mais. Contudo em templos há cerimônias de consagração e de novos monges e monjas. Certamente, se estivesse vivo, diria que elas são desnecessárias, o que importa é sentar e meditar.

É bom entender que a vida de cada pessoa pode ser comparada à fluidez de um rio. Ele não para nunca. Se parar, deixa de ser um rio. É um rio porque o seu fluxo não para. Uma conchada de mão de água não contém o rio, não para o seu fluxo. É apenas um momento, nada mais. O mesmo se dá com a nossa vida, ela é um eterno fluxo, e o que consideramos vida é meramente uma manifestação específica desse fluxo. A morte é como tirar a conchada de água do rio, ou seja, o fluxo continua. Quando se solta a água no chão, ela volta de alguma forma para o rio, ou escorre, ou evapora e torna-se chuva. Não escapa, volta. Assim somos nós, voltamos para o fluxo e em algum momento voltamos a nos manifestar. E quando nos manifestamos, já chegamos condicionados por tudo o que fizemos, dissemos ou pensamos nas vidas anteriores. Prontos para construir o presente que se transformará no futuro. Somos os construtores do aqui e agora, do fluxo dos momentos, eles estão na nossa mão e não podemos deixar de influenciá-los. É uma oportunidade maravilhosa essa. Construir o futuro e abrir caminho em direção à libertação da roda do sofrimento. Está em nossas mãos. Isso nos impede de culpar no futuro quem quer que seja pelas nossas agruras passadas e futuras. As passadas são frutos do nosso carma, que construímos anteriormente, e as futuras, as que construímos no presente. Quem não se iluminar nesta vida, deixará débitos para o futuro.

A máxima antiga que diz que só colhemos o que plantamos é verdadeira. Ninguém escapa. Nesta ou em outra existência, vamos ter de responder. Não inveje quem usa da má-fé, do dolo, da falta de ética para conseguir bens materiais. Terão de responder por isso. Tudo o que acumulam é ilusão. Vão ter de responder pelo carma negativo que geraram, com os efeitos perversos provocados a outras pessoas inocentes que sofreram por causa de suas ações. O Budismo não ameaça ninguém, apenas conscientiza que aqui se faz, aqui se paga; nesta ou em outra vida. Cada um decide por si. Está nas mãos de cada um de nós construir a paz e a libertação do sofrimento ou engrossar o carma e voltar para responder por suas ações. As oito sendas do caminho óctuplo são a receita para pôr fim ao sofrimento. Os ingredientes: compreensão, pensamento, fala, ação, meio de vida, esforço, consciência e concentração. Detalhes só podem ser usados se forem corretos. A mistura e a quantidade deles são por nossa conta. São usados durante toda a vida e por isso podem ser experimentados infinitas vezes.

A vida começa antes do nascimento e se prolonga depois da morte. Dito dessa forma, o conceito budista pode confundir-se com o de outras religiões, tão respeitáveis como o próprio Budismo. Contudo, não há alma nem antes do nascimento nem depois da morte. Só o carma. Por isso, o ato de nascer e morrer é tão importante quanto qualquer outro momento do fluxo da vida. Esse período é o da transformação, do controle sobre o carma futuro. Nossa cultura condicionou-nos a fazer festa no nascimento e chorar na morte. Quem não se assusta com a morte? Só os iluminados. Nós outros, uns mais, outros menos, nos incomodamos com ela.

Entretanto, é preciso ir se acostumando, e uma das formas é meditar sobre ela, ter consciência de que ela existe e que é o momento que o nosso corpo físico deixa de reproduzir as condições de vida. Morremos a cada instante, renascemos a cada instante, porque nosso corpo renova a vida. Em um determinado momento, a renovação para. Aí morremos. Então vamos contar dia a dia quanto tempo falta para a morte? Vamos viver neuróticos, abatidos, assustados, revoltados com a nossa condição de mortalidade? Não, vamos apenas viver o fluxo da melhor maneira possível, alegres, otimistas, identificando as ilusões e construindo um carma melhor, e este é capaz de preencher totalmente a vida e dar a segurança de que a morte também é uma ilusão. Ora, se é uma ilusão, um grande tigre de papel, por que se assustar com ela? A melhor forma de identificar o tigre de papel é ter consciência da sua natureza, aí ele passa a ser apenas um brinquedo. Nada mais.

Se há dúvidas a respeito do que está em consonância ou não com o pensamento de Sidarta, submeta a dúvida à seguinte regra: ele ensinou apenas duas coisas: o sofrimento e a libertação do sofrimento. Fora disso não é Budismo. O filósofo Karl Marx, depois de algum tempo, leu interpretações de seus discípulos marxistas e surpreendeu-se a ponto de dizer: "Se isso é ser marxista, então eu não sou marxista". Não é o caso dos paramidas, ou ações transcendentais que o Buda recomendou que todos praticassem. São seis ações: doação, conduta, contenção, sabedoria, energia e paciência. Esta é a que mais colide com o modo de vida contemporâneo, que tem como uma de suas características os resultados instantâneos, sem dar tempo para as coisas amadurecerem. Ele ensina também que ninguém deve desistir se falhar em ações na vida. Não se tratam de mandamentos, mas não se avança pelo caminho da iluminação quem pratica qualquer tipo de violência, apropria-se do que é dos outros, vive uma vida sexual sem limites, mente, embriaga-se ou se entorpece com drogas. Tudo isso são práticas morais. Ninguém vai expandir sua consciência com o uso do LSD. Budismo e droga não convivem jamais.

A moral budista ajuda a encontrar o caminho. Não se trata de obedecer Leis ou obrigações, mas identificar o que é benéfico e o que é maléfico. O primeiro passo é parar de prejudicar alguém, o segundo é ajudar. Deus não pune nem recompensa os budistas, uma vez que a moralidade budista não tem nenhuma base teológica. Portanto, ser moral é não provocar sofrimentos. Só é moralmente condenável as ações com dolo. Imagine esse preceito aplicado ao sistema penal de um país.

Não há outro caminho para produzir mudanças que vão alterar o contexto, e portanto formatar novas realidades senão através da meditação, que não é um sobrevoo sem rumo no mundo das ideias ou sensações passadas, mas uma concentração em vários estágios, que vai além do mundo dos fenômenos e, em estudos mais profundos, há uma fusão entre o sujeito e o objeto da meditação. É um exercício que qualquer pessoa pode praticar, uma vez que ajuda a desenvolver a sabedoria e aprimorar os sentimentos. É um santo remédio para combater os males do dia de hoje, melhorar o dia de amanhã e aprender com os erros e desvios do dia de ontem. Não tem contraindicação e pode ser praticado por jovens, velhos e adultos. Não se trata de viver em transe, nem achar que depois de alguma prática vai aprender a levitar, e outros folclores divulgados pela mídia. Ela é a estrada identificada pelo Buda e por onde transitam ética, moralidade, sabedoria, compreensão, caráter, compaixão, solidariedade, paciência, perseverança e outros atributos que fazem clarear a visão.

A Reencarnação Inevitável

Pureza de coração, serenidade, o culto do silêncio, incessante desejo de disciplina, mente piedosa e firmeza de vontade — é esta a mortificação interior aconselhada pelo espírito.
Bhagavat Gita

O Buda de nariz preto

Uma monja em busca da iluminação fez uma estátua de Buda em madeira e a folheou a ouro. A estátua era muito bonita, e ela a carregava para onde quer que fosse. Anos passaram e, ainda carregando o seu Buda, a monja instalou-se em um pequeno templo no campo onde havia muitas estátuas de Buda, cada qual em seu próprio santuário. A monja queimava incenso para o seu Buda dourado todos os dias. Mas, não gostando da ideia de o seu perfume alcançar outras estátuas, inventou

um funil pelo qual a fumaça subia apenas para a sua. Isso escureceu o nariz da estátua dourada, que se tornou excepcionalmente feia.

Essas linhas constituem-se em apenas uma reflexão de um adepto dos ensinamentos de Sidarta Gautama, o Buda histórico. Vou me arriscar a algumas considerações sobre a questão da reencarnação. É um tema sensível e mesmo no Budismo tem entendimentos diferentes, ainda que partam da mesma origem. É comum as pessoas a associarem à concepção kardecista. Porém, nada têm em comum as duas concepções. Não vou exprimir nenhum juízo de valor sobre elas, contudo a reencarnação budista não pressupõe o renascimento da mesma pessoa para que venha expiar os pecados que cometeu na vida anterior. Não há continuidade da personalidade nem um local onde a alma permanece até que possa encontrar o seu caminho. A concepção espírita misturou-se com outras, foi difundida maciçamente pelos meios de comunicação e ajudou a desinformar as pessoas sobre o Budismo.

Para Buda, o renascimento não é nem uma reencarnação nem a migração de uma alma, mesmo porque, como vimos, não existe uma alma permanente, mas sim instantânea. Uma sucessão de momentos de alma. Uma coisa difícil de entender até mesmo para quem teve origem cristã, ainda que o Cristianismo não admita a reencarnação. Sidarta não admitia a transmigração, uma vez que nenhuma parcela da pessoa desaparecida passa para a nova. Então há ou não há alguma ligação entre um ser e outro? Há. Um elemento passa depois da morte a animar a nova criatura em um grau inferior ou superior. Essa afirmação motivou muitas perguntas ao Buda, que mais uma vez se recusou a respondê-las, repetindo que tal discussão não contribuía para a libertação do ciclo de nascimento, envelhecimento e morte. O "algo" identificado por Sidarta, que caracterizou a vida de uma pessoa, passa, depois que ela morre, a animar outra criatura. É como se houvesse um "estoque de algo" acionado pelo nascimento que se junta à matéria e dá origem a um novo ser. O "estoque de algo" é agitado em um vai-e-vem constante que nem a morte é capaz de romper a sucessão de nascimentos. Sem esse "estoque" não haveria um "não nascido", um "não vindo-a-ser". Buda admitia essas existências. Esse "algo" pode ser entendido como energia.

    Buda foi pressionado pelos discípulos para explicar melhor o que era o tal "algo", onde ele permanecia entre uma morte e um novo nascimento. E afinal, um novo ser que nasce é idêntico ao anterior? Nada de respostas. Ele se recusava a avançar no campo metafísico. Julgava que o desejo de saber coisas que não tinham relevância no caminho da libertação final era uma ilusão. Tanto quanto o mundo em que vivemos.

    Se houvesse a oportunidade de Sidarta participar de grandes discussões filosóficas e a ele fosse perguntado: de onde viemos, quem somos, para onde vamos? Como o mundo foi criado e como o homem entrou nesse ciclo de nascimento e morte? Certamente ele diria: "Não faço a menor ideia. Isso não é importante". Então, o que é importante? "Importante é descobrir o meio de sair do ciclo infernal dos nascimentos." Pode parecer estranho a outras práticas religiosas que se animam e comemoram a possibilidade de voltar a viver. Segundo o Buda, não há nenhuma possibilidade de uma pessoa se submeter a uma terapia de vidas passadas, uma vez que não se tem consciência do que se passou. Voltando ao mito do Buda, ele, ao nascer, teria tomado consciência de todas as suas vidas anteriores. Repito, faz parte da lenda.

    O racionalismo búdico mostra que para acabar com a dor é preciso antes acabar com a causa da dor. Sem causa, não há efeito. Tentar se agarrar a um mundo puramente ilusório gera o apego, causa da dor, é se apoiar na experiência obtida por intermédio dos sentidos. "Eles são enganadores, não acredite no que eles fingem nos informar." São os vendedores da ilusão. Devem ser desprezados. O que vale é o vácuo total onde o espírito pode mover-se. É preciso esvaziar totalmente a mente de toda crença e então a verdade se apresenta graças a uma iluminação especial, completa Gautama.

O ideal de todo budista é alcançar o nirvana, ou o estado de conhecimento perfeito. Novamente, Sidarta foi extremamente parcimonioso em suas explicações, preferindo, mais uma vez, dizer que ele significava o fim do ciclo do nascimento. Não há necessidade de especular sobre a sua natureza, basta alcançá-lo, como se isso fosse fácil e não o ápice de um longo caminho percorrido por vidas e vidas.

O nirvana não deve ser confundido com nenhum tipo de paraíso. Ele não existe fora das pessoas. Não é algo situado em algum lugar do céu ou do Universo. Para Sidarta chegar ao nirvana, foi necessário viver uma série de existências terrestres até atingir a iluminação. Pelo que disse o Buda, ele mesmo nunca teve consciência das suas existências anteriores nem sua alma se modificou. Apenas o indefinível "algo" transmigrou de uma geração para outra até o auge. Portanto, ele não viveu vidas encadeadas nem uma foi sucessão da outra. No nirvana não se perde a identidade nem a atividade, mas o iluminado desfruta de uma vida individual onde exerce com plenitude sua força interior, desligado de tudo que o rodeia. Nada o perturba. Nada distrai sua mente. Não há nenhum sentimento de posse de coisas ou de pessoas. É a individualidade que se basta por si só. Não há medo do desconhecido porque ele não mais existe; prevalece a luz interior, onde não há sombra jamais. Daí para a frente só o nada. Desaparece a vida individual e universal. Portanto, a partir daí não há vida nem antes nem depois da morte. Há escolas budistas que aventam a existência de uma "terra pura" onde as almas ficarão até a iluminação final, porém isto se choca frontalmente com os ensinamentos do fundador do Budismo. Obviamente são respeitadas, uma vez que não há heresia no Budismo e as pessoas são sempre livres para procurar o caminho que julgarem mais adequado. Como acender incenso para estátuas.

Imagino que essas concepções de Buda deixam pessoas de outras religiões confusas, uma vez que o objetivo final de seus ensinamentos é o vazio, e o verdadeiro conhecimento não se obtém por meio dos sentidos, pelo contrário, eles são os grandes vilões, uma vez que criam um mundo de ilusão e impedem as pessoas de interromperem o ciclo do sofrimento. O caminho é a meditação, a abertura da mente, a destruição do eu e a descoberta da essência divina que cada um contém. Buda conclui que não vivemos fora da divindade, portanto não há a quem implorar ou pedir para que salve a humanidade. Tudo o que um homem precisa saber para sua real libertação está dentro dele mesmo, apenas é preciso que se ilumine para identificá-lo, como se uma luz se acendesse em um quarto escuro e todo o mobiliário já lá existisse.

Buda não entrou na polêmica da existência de Deus nem tentou se contrapor a ela, apenas não a incorporou. Ele deixou Deus de fora. E já que estamos listando algumas características do Budismo, o que é a caridade? É o ato de dar? Não só. É o ato de abrir mão de um bem material que se possui, contribuindo para liquidar com o apego. Por isso se diz que quem deve ser reconhecido é quem recebe uma ajuda e não quem a presta. O ajudado possibilita que o seu benfeitor faça uma boa ação e com isso melhore o seu carma. O bem é o respeito a qualquer forma de vida ou de espírito. É a não violência. Já o mal significa satisfazer um desejo produzindo uma injustiça a outra pessoa.

Estamos sujeitos a impulsos internos com os quais não podemos lidar. É a manifestação do carma de forma inconsciente, como uma insensibilidade aos valores positivos, sem que a pessoa realmente saiba de onde vêm determinados impulsos. O carma é a lei universal de causas e efeitos vinculada a atos intencionais. Toda ação, mais cedo ou mais tarde, atinge o seu autor. Nesta ou em outra vida. A forma de romper com a renovação do carma é a prática ininterrupta das quatro qualidades incomensuráveis, em que se destaca a compaixão. Ela é o desejo de serem realizadas as naturezas internas e se livrarem das complicações, submetendo a mente a um controle para que não provoque novos sofrimentos. Seguem-se o amor, a alegria e a equanimidade. Em cada ser humano, há um embrião de Buda, uma vez que em cada criatura existe uma qualidade absoluta.

O carma é uma lei universal constituída de causa e efeito, que governa as ações intencionais, uma vez que produzem resultados que mais cedo ou mais tarde serão sentidos pelo agente. Não há escapatória. É uma lei de ação e reação. Se esticar a mola, ela, mais cedo ou mais tarde, volta à sua posição original. O carma é uma força que nos obriga a nascer ou a morrer, quer queiramos quer não. É o ciclo de nascimento, morte, nascimento que não tem começo nem fim. Não há como lutar contra isso. O ciclo do nascimento e morte arrasta o carma, por isso ele nasce e renasce. Não para. Não somos nós que renascemos, como acreditam os kardecistas, é o carma, daí a diferença dos conceitos de reencarnação budista e kardecista. Muita gente faz confusão e atribui ao Budismo qualidades que não possui. Para o Budismo, as pessoas não voltam a este mundo, quem volta é o carma delas, por isso nascem já marcadas pelo que fizeram de bom e de mau nas vidas anteriores. Por isso, enquanto estamos vivos, geramos carma. Dia e noite. Nada que existe possui essência duradoura, este é o princípio da causalidade. As coisas só existem de forma dependente porque estão inter-relacionadas. Portanto, tudo o que existe é casualmente dependente no plano físico ou mental. Há um fluxo que se transforma de um nascimento para o próximo. É o carma que rege o renascimento, condicionado pelas ações praticadas em vida; por isso é necessário observar os estados mentais internos além de praticar ações boas e saudáveis. Não há espaço para o fatalismo, apenas para as causas condicionantes, por isso é possível separar o que vem do carma das ações impensadas do dia a dia. Uma enxaqueca depois de uma cervejada pode ter certeza que nada tem a ver com o carma. A lei do carma é fluida e maleável. É bom não esquecer que somos responsáveis pelas nossas ações e pelos resultados que elas geram. No Budismo, o mal não é um problema teológico como no Cristianismo; é moral, por isso Buda não apresentou a teoria do renascimento de maneira dogmática.

Só um ser iluminado é capaz de gerar nenhum carma. É do nosso livre-arbítrio gerar bons e maus carmas, mas é bom saber que vamos responder por eles cedo ou tarde, nesta ou na próxima vida. Ninguém consegue escapar do que plantou. Os budistas entendem que o carma é uma lei natural, e ninguém pode impedir a sua trajetória. Nem Buda é capaz disso. Nenhum deus é capaz disso, por mais insensato que seja, ou por mais que se ore. Ao agirmos intencionalmente, colocamos em ação forças que não podem mais ser canceladas. É tão poderoso como o botão vermelho que inicia um ataque nuclear. Uma vez apertado, nada o detém, ele dá lugar a um Doutor Fantástico. É a lei. Tem de ser obedecida ,ainda que seu objetivo não seja punir ou recompensar quem quer que seja. É apenas o viver condicionado por aquilo que se fez. Enfim, cada um recebe o que deu, o que plantou, o que semeou. É bom saber que o carma mau é aquele que provoca sofrimento, a *dukka*, como dizia Sidarta, e ele só pode ser extinto com o desapego e finalmente a iluminação.

O caminho para o nirvana, para a iluminação, para interromper o carma, é a meditação. Meditar sempre. Quando se fala disso, o imaginário popular ocidental, explorado amplamente pela mídia, pensa em alguém na posição de lótus, com as pernas dobradas e os pés virados para cima. É verdade que esta é uma das atitudes para meditar, contudo a clareza mental que se procura com a meditação pode ser alcançada de outras formas, desde que se domine a técnica. Portanto, é possível vivenciar estados meditativos fazendo qualquer coisa. A meditação é a parte mais importante do ensinamento budista. É a partir daí que se descobrem os estados da mente, emoções, pensamentos e atitudes benéficas ou maléficas. Por intermédio da meditação é possível chegar-se tanto à tranquilidade como ao discernimento. Por seu intermédio é possível ver o presente sem ligação com nossos erros recentes no passado, ao mesmo tempo descartar a ansiedade pela chegada do futuro. É possível estar no momento presente em concentração. Sem a calma e a concentração no presente não é possível desenvolver sabedoria e atingir a compaixão, a alegria, a simpatia, a bondade e o carinho. Escrevi um passo a passo para quem quiser aprender a se posicionar confortavelmente na meditação. Está no livro *Budismo*, da editora Bella Letra, com fotos tiradas no templo da Monja Coen.

É preciso vivenciar o ensinamento do Buda, o Dharma, mais do que ler livros ou ouvir palestras sobre o Budismo. Os mestres têm muito pouco a ensinar sobre a doutrina, mas se esforçam para que aprendamos o Dharma. Indicam caminhos, mas não os percorrem por nós. Para aprender a nadar, temos de entrar na água. Nada substitui a vivência. É preciso liberar toda a sabedoria interior que a mente impede que aflore. Essa sabedoria é capaz de entender uma mensagem de uma gota de água pura caindo em uma poça de lama ou de um dedo levantado por uma criança. Para que palavras?

Não há objetos sagrados no Budismo, não há livro santo nem ícones sagrados. A única fé possível é a confiança. Nada mais. Tenha fé, e os ensinamentos do Buda não o levarão à iluminação. Tenha confiança, crítica, é claro. Fé cega, jamais. Lembre-se de que a verdadeira mente é uma não mente sem individualidade, que supera todas as dualidades.

O entendimento das quatro nobres verdades é simples. A vida é cheia de sofrimentos, provocados pelo apego à ilusão; portanto, é possível acabar com o sofrimento acabando com esse apego. Existem caminhos que possibilitam isso. O caminho óctuplo.

Não é só a discussão sobre a reencarnação que provoca debates. Há outra que muitas vezes traz uma interpretação errônea do pensamento do Buda. A realidade é vazia. Essa frase por si só desperta confusão. Como é que a realidade pode ser vazia, se tantos fenômenos acontecem? O que se entende no Ocidente por vazio é ausência de qualquer coisa, de qualquer fenômeno. Contudo, no Budismo, entende-se por vazio o fato de que alguma coisa para existir depende da existência de outras, ou seja, nada existe de forma independente. Nem as pessoas. Uma coisa só existe se outra existir, logo o mundo dos fenômenos depende do vazio para existir. Tudo o que acontece depende do vazio. O Budismo é a religião do vazio. Na China, ele também é chamado de Porta para o Vazio. Como alguém, em sã consciência, pode caminhar para o vazio?

O Universo só existe por causa do vazio, ou seja, da existência de muitos fenômenos que o condicionam. Ele não existe sozinho, assim como seres humanos também não existiriam se não houvesse o vazio, daí o Budismo entender que não há individualidade. O venerável mestre Hsing Yün, da escola do Budismo tch'an, relacionou os dez significados do vazio:

1. **O vazio nada obstrui. O vazio tudo permeia em todos os lugares, mas nada obstrui, em nenhum lugar.**
2. **O vazio tudo permeia. Pode ser encontrado em todas as coisas.**
3. **O vazio é o mesmo em tudo. Não tem preferência por lugares ou coisas em detrimento de outros lugares ou coisas.**
4. **O vazio é imenso. Não tem começo, nem fim, nem limitações.**
5. **O vazio não tem forma. Não tem face ou forma em nenhum lugar.**

6. O vazio é puro. Não tem nenhuma impureza ou mácula.
7. O vazio é imóvel. É imutável e existe além da vida e da morte.
8. O vazio é uma negação absoluta, a negação absoluta de todas as coisas formadas e limitadas. Em última instância, todas elas se dissolvem no vazio.
9. O vazio é vazio. Nega a sua natureza e destrói todos os apegos a ela.
10. O vazio é incoercível. Não pode ser contido, reprimido ou controlado por nada.

Essas dez explicações resumem também a essência do Budismo. Ele se estende ao vazio humano; uma vez que não existe a individualidade, tudo depende do vazio, até mesmo o pensamento. Nada existe fora dele. É uma imensa teia que só existe porque há uma interconexão de fios, que por sua vez só existem porque uma aranha os teceu, que por sua vez é uma conjunção de fatores que permitiu sua existência de aranha, e por aí vai. Tudo está enredado e vai além do infinito, que por sua vez também é vazio...

Para quem foi educado nos conceitos ocidentais, é uma pancada no estômago chegar à conclusão de que não há existência independente. Isso colide com o que se aprendeu sobre a alma humana, a individualidade do ser humano, do total livre-arbítrio, da vida após a morte, do perdão dos pecados cometidos, das cerimônias que indicam o caminho do céu para os crentes, enfim, tudo o que se aprendeu em outras religiões. Imagine afirmar que Cristo era vazio, ou que Maomé não tinha individualidade, ou ainda que Moisés tinha sua existência condicionada; o belo debate que daria entre essas religiões e os budistas. Para arrematar, o vazio essencial existe por causa das combinações e causas que condicionam sua existência.

Na Outra Margem do Rio

Realmente perseverante é o homem quando domina os impulsos do coração, a força vital e os sentidos — e isso provém do conhecimento da Verdade.
Bhagavat Gita

Quem dá é que deve ficar grato

O mestre Seistsu precisava de acomodações maiores, uma vez que o prédio no qual ensinava estava superlotado. Umezu, um comerciante, decidiu doar 500 peças de ouro para a construção de um novo edifício. Umezu levou o dinheiro ao Instrutor e Seistsu lhe disse: "Está bem, eu o aceito". Umezu deu-lhe o saco de ouro, mas ficou aborrecido com a atitude do Instrutor, pois dera uma quantia alta. Uma pessoa poderia viver o ano inteiro com três peças de ouro e o Instrutor nem sequer lhe agradecera. "Neste saco há 500 peças de ouro", insinuou Umezu. "Você já disse isso antes", disse Seistsu. "Até mesmo para mim, que sou um rico comerciante, 500 peças de ouro é muito dinheiro", disse Umezu. "Você quer que eu lhe agradeça por isso?", disse Seistsu. "Deveria", respondeu Umezu. "Por que deveria?", perguntou Seistsu. "Quem dá é que deve ficar grato."

O corpo das pessoas é a sede de todos os desejos que, segundo Buda, é a perdição, porque desvia todo mundo do foco central que é o fim do desejo e da falsa realidade construída pelos sentidos. Houve uma fase da vida de Sidarta em que ele adotou a prática de mortificar-se como forma de combater os desvios da mente. Só com grande sofrimento físico seria possível encontrar o caminho, e por isso ele se tornou um asceta que vivia no mato, alimentava-se apenas do que encontrava na natureza e se autoflagelava. Contudo, não perdeu o senso crítico e abandonou essas práticas. Ninguém precisava esfolar um pedaço de osso do braço para fazer uma pena nem usar o sangue como tinta para anotar o que Buda dizia. Ele concluiu que o sofrimento afastava as pessoas da iluminação. Não se devia confundir disciplina física com tortura, moderação no comer com virar faquir ou mesmo se privar do relacionamento sexual. Aliás, ele nunca proibiu ninguém de ter sexo, apenas pediu moderação, em que pese alguns mosteiros optarem pela abstenção sexual. Decisão de cada um. Contudo, era o corpo que ele dizia que continha a origem, o mundo e o fim do mundo e o caminho que leva até a iluminação. É uma aparente contradição. Como pode o mesmo corpo ser a ruína e a salvação a um só tempo? Como pode conter a origem e o fim do Universo se é finito com o advento da morte? Em outras palavras, o infinito está contido no finito e vice-versa. Aliás, para entender bem o que Buda pensava é preciso sempre recorrer ao vice-versa.

Afinal, segundo o Budismo, as pessoas têm ou não têm livre-arbítrio? Têm, ainda que influenciadas pelo carma anterior, a educação que recebem na infância e a carga genética dos seus pais biológicos. Têm propensão para fazer determinadas coisas, mas seu espírito crítico, seus valores prevalecem e elas podem optar por aquilo que consideram mais adequado para a sua vida. Não há determinismo, mesmo admitindo-se o carma. Está nas mãos de cada um de nós, e cada um vai ser responsável pelos seus atos e sofrerá as consequências deles tenham ou não sido praticados intencionalmente. Não há como escapar disso, portanto cada um deve medir com cuidado o que faz. Tentar melhorar para viver uma vida pós-morte em algum paraíso não faz parte dessa doutrina. A alma não continua no pós-morte. Aqueles que atingiram a outra margem estão além do bem e do mal. Quem tem pureza de alma está além dos conceitos morais, porém a moral budista existe, é estritamente pessoal e rigorosa e não depende de ninguém, nem mesmo dos deuses.

A maioria das pessoas vive em sociedade, portanto não há como não se relacionar. Todos estão mergulhados no meio social e não há como se livrar de suas influências; assim não há imparcialidade diante dos acontecimentos. Há também uma coexistência entre o carma pessoal e o das demais pessoas, constituindo um carma coletivo.

O avanço em direção ao conhecimento só pode ocorrer se todos os sentimentos e apegos forem totalmente decompostos. Isso proporciona a clareza de que o espírito necessita para avançar. É impossível qualquer passo imerso no turbilhão que assola a mente e se envolve no apego material ou não. É preciso liquidar o ódio, a presunção, a cegueira, a ignorância, a opinião, a dúvida, a imprudência, a negligência e tudo aquilo o que é captado pelos sentidos. Mas para clarear a mente, isso não é tudo. É preciso não roubar, não matar e não fornicar. É preciso também dominar totalmente a língua, de onde emanam a frivolidade, a mentira, a calúnia e o perjúrio. Se não bastasse, ainda é preciso se livrar da cobiça, da malícia e da heresia. Uma tarefa árdua para quem quer fazer cessar o círculo de nascimento e morte. É uma sequência de renúncias, por isso um caminho tão difícil, que inclui também o interesse pelo o que acontece depois da morte, uma vez que não existe a continuidade da alma. O nirvana é destinado apenas aos que conseguiram a perfeição. E quem é perfeito não reconhece mais nem o bem nem o mal, pois, como já foi dito, está acima deles.

Buda estabeleceu um estatuto ético baseado na liberação de todo desejo, ódio e ignorância. O que realmente importa é a pureza do espírito, é ela quem dá os parâmetros do que é bom ou o que é mau. Não há divindade capaz de interferir na construção de um mundo moral. Ele é estritamente pessoal, prescinde de qualquer interferência. Quando um ser humano se desprende da ilusão que o cerca, está apto para exercitar as virtudes budistas, e com isso aprender a exercer a renúncia até as últimas consequências, chegando mesmo à indiferença sobre o que acontece depois da morte, uma vez que não existe a continuidade da alma. Isso quase equivale ao que Schoppenhauer disse: "A alma é uma função do encéfalo". Isso pode parecer uma aspiração niilista, mas devemos lembrar que o que interessa é romper o círculo do nascimento e morte, é não nascer nunca mais.

Parece estranho quando outras tradições costumam acenar com o paraíso aos que seguem os seus preceitos. Buda não afirmou que existe paraíso. Concentrou-se apenas no que acontece antes da morte, calando-se quando os seus seguidores partiam para o campo da metafísica. Ele tinha a certeza de estar no caminho certo; que viver é sofrer; que não se consegue viver sem dor; e que a saída é curar a dor e libertar a mente. Os vírus dessa dor existencial penetram pelos sentidos e criam ilusões cada vez mais consistentes, por isso cada vez mais dolorosas. Por que discutir a qualidade da dor e não suprimi-la? É uma perda de tempo as discussões sobre a dor, é preciso acabar com ela, por isso ele desenvolveu seus preceitos nas quatro nobres verdades e no caminho óctuplo.

Está escrito no Majjhima-Nikaya: "Abandonai o bem e, com maior razão, o mal, pois aquele que atingiu a outra margem já não precisa mais construir jangadas". Abandonar o bem pode não parecer, mas é a moral budista. É uma reafirmação do individualismo, em que cada um resolve os seus problemas, busca o caminho do conhecimento, ilumina-se. Porém isso não quer dizer isolamento nem viver em uma redoma de cristal, longe dos atos sociais. Buda sabia que isso era impossível e ele mesmo nunca mais se isolou depois de se iluminar. Por isso a construção do carma individual sofre mais ou menos influência do carma coletivo. O budista não recrimina as dificuldades na vida de busca do conhecimento nem fica insensível a elas. Enfrenta-as cara a cara, não foge. Nada é tão ruim que não possa ser tirado como lição para melhorar o futuro. É preciso saborear o gosto da derrota e considerá-la apenas uma circunstância , nada mais. A outra face da vitória – e mais uma vez uma não existe sem a outra, uma contém a outra – faz parte do mesmo fenômeno. O caminho da conquista do conhecimento é de difícil obtenção, visto que para avançar é preciso apenas atos, palavras e pensamentos nobres. Quanto tempo seríamos capazes de agir dessa forma? Um dia, uma hora, um minuto? Não importa; nem que fosse apenas um segundo. Uma caminhada de 5 mil quilômetros começa com o primeiro passo. Ainda assim, agir eticamente é mais difícil do que dar o primeiro passo dessa caminhada.

O Budismo é a doutrina que estimula a criatividade e o desconforto com a imobilidade e o imobilismo social e pessoal. Diz que é preciso reagir e que obedecer é uma morte momentânea, e que é a mente que instrui as emoções e não o contrário. É a prática antiga de algo conhecido hoje como inteligência emocional e faz tanto sucesso no mundo corporativo.

Os budistas sentem a generosidade como presente, uma oportunidade rara e única de evoluir espiritualmente, e por isso está fora de cogitação a vingança, a represália ou qualquer outra forma de revide; isso não tem lugar na doutrina do Buda, ainda que a sociedade se organize para punir os que transgridem a lei. Há o entendimento que todos os seres humanos, mais cedo ou mais tarde, vão se iluminar, uma vez que não há período de tempo para que isso se concretize.

A pregação de Buda

O Homem no Centro

Escravo de teimosia mental é aquele que se apega tenazmente a coisas que deseja e cujos frutos pode gozar.
Bhagavat Gita

Um filósofo interroga Buda

Um filósofo veio a Buda um dia e lhe perguntou: "Sem palavras e sem ficar mudo, você me contará a Verdade?"

Buda permaneceu em silêncio. O filósofo inclinou-se e agradeceu a Buda, dizendo: "Pela sua ternura, livrei-me das ilusões e entrei no Caminho da Verdade".

Depois que o filósofo saiu, Ananda perguntou a Buda o que ele havia atingido. Buda respondeu: "Um bom cavalo corre mesmo à sombra de um chicote".

Os humanistas, ao longo da história, mais de uma vez lembraram-se da existência do homem e passaram a cuidar dele. Sócrates formulou suas teses. Os renascentistas fizeram o mesmo colocando o homem no centro de suas atenções filosóficas e científicas e deslocando Deus para a periferia. Os budistas também fizeram isso um pouco antes dos gregos.

Por volta do século V a.C., os budistas abandonaram as especulações sobre a origem e a organização do Universo e se interessaram pelo homem. Pela humanidade. Por toda a humanidade independentemente de sua etnia, classe social ou cultura. Um fato realmente inédito. Nada de exclusão de escravos, párias, estrangeiros ou qualquer outra classificação. O drama humano é universal, todos os seres humanos fazem parte dele, queiram ou não. O Budismo original abandonou a concepção coletiva e abriu a porta para que o indivíduo passasse. A salvação búdica, a iluminação, a angústia, o nascimento e a morte são ações individuais.

O individualismo búdico proporcionou o aparecimento de pessoas totalmente libertadas das paixões humanas, livres da concepção ilusória do mundo e sabedoras de que tudo muda constantemente e nada é eterno. São os chamados em outras religiões de santos. No Budismo, não passam de pessoas comuns, que, por esforços próprios, iluminaram-se. São os *arhats*. Eles aprenderam a abandonar os desejos e foram além, abandonando também o pensamento, a alegria e até o bem-estar. Hoje, com o apelo do mundo das sensações em que vivemos, alguém poderia chegar até esse ponto? Com tantas coisas para comprar, ver, sentir, pagar, comer. Experimentar, dificilmente alguém trocaria tudo isso pela iluminação. Ou trocaria? É um mergulho no infinito da mente, do espaço, da consciência, da região onde nem o nada existe. Ainda assim, o nirvana estaria além. Segundo o Buda, está onde desaparece toda a percepção.

Os *arhats* são verdadeiros heróis que derrotaram os obstáculos. Não têm medo de nada. Nem da morte. Os budistas dizem que um *arhat* fica tão impassível diante do perigo como o pau de sândalo diante do machado que o fende. Os vegetais são um exemplo de desprendimento diante da própria existência, não reagem jamais. São os que mais se aproximam da recomendação de que é preferível se deixar picar pela serpente a matá-la. Aparentemente os *arhats* são egoístas, pois salvam-se e não se preocupam com os outros. É um engano. Apenas praticam o Budismo original, aberto a todos os que quiserem trilhar o mesmo caminho. Essa aparente frieza fez com que seguidores do Buda concebessem a existência de um arhat cheio de compaixão, que ficaria na *etapa* de pré-iluminação, e que em vez de escapar do ciclo de nascimento e morte, por pura compaixão com os outros seres, voltava para ajudar a salvar o mundo. São os *bodhisattvas*.

O Budismo original não foi desenvolvido apenas por Sidarta. Seus seguidores completaram a doutrina e merece um destaque especial o monge Sariputra. Ele foi uma espécie de apóstolo Paulo do Budismo, tão importante que foi considerado um segundo fundador da religião. Paulo, no Cristianismo, não era um ser divino como Jesus, mas apenas o seu apóstolo. Para alguns, ele foi o verdadeiro construtor da doutrina cristã. Sariputra está no mesmo nível, apesar de ter vivido cinco séculos antes, e com uma diferença: era tão santo quanto Buda. Nada mais lógico, afinal o ideal do Budismo não é mostrar o caminho da iluminação? Se Sariputra se iluminou, ele também se tornou um buda, portanto estava no mesmo patamar. Não se pode fazer a mesma relação entre Paulo e Jesus. Paulo não conheceu Jesus pessoalmente, já Sariputra, que também era de uma família rica, abandonou tudo para seguir Gautama. O indiano ficou conhecido como *arhat*, e o judeu como santo. Um *arhat*, como já foi dito, é aquele que conseguiu alcançar um alto estágio de concentração um *samadhi*, ou seja, a polarização da atenção segundo determinado método e por um tempo fixado pela própria vontade, diz Percheron. É a chegada a uma paz sem tensão latente.

Afinal, por que os budistas se batem tanto pela meditação? Qual a importância dessa prática para se chegar ao conhecimento perfeito? Sem meditação não há iluminação. Sem meditação não há Budismo. Um não existe sem o outro. Ela é o único caminho possível para ultrapassar as impressões e os conhecimentos sensoriais. Sem ela, os sentidos prevalecerão sempre e encherão a mente do mundo ilusório que eles captam e codificam para a mente. Há métodos diferentes de meditação, mas a finalidade última é suspender toda a enxurrada de pensamentos estranhos. No quarto degrau, ou *dhyana*, cessa completamente toda a consciência de bem ou mal-estar.

Onde vai parar a mente: ela avança em direção ao espaço sem fronteiras, à consciência sem limites, até chegar no estágio que o Buda nomeou de estado onde não há mais percepção nem não percepção, não possui mais movimento, nem palavras, nem pensamento. Somem a simpatia e a antipatia. O que sobrevive é uma compaixão de caráter geral a respeito dos sofrimentos alheios. A única alegria daqueles que chegaram a níveis superiores da meditação é a felicidade de todos. É o máximo do altruísmo. Buda disse que tudo o que ensinara equivalia às folhas de uma árvore, mas o que não ensinara era em maior quantidade do que as folhas de uma floresta inteira. Você acreditaria em um líder religioso que diz que só conseguiu difundir uma pequena parte de tudo o que sabe? É uma postura de humildade de Sidarta, aliás, condizente com a essência do Budismo. Reconhecer publicamente que não pode explicar uma infinidade de coisas é inusitado entre os líderes religiosos que surgiram na história da humanidade. Isso é a sabedoria.

Muitas pessoas identificam religião com ritual, com manifestações públicas, com a bênção de atos da vida como o nascimento, o casamento, a reafirmação de adesão à crença e à morte. O Budismo original desprezou tudo isso. Seria uma incoerência. Contudo, poucos são capazes de professar uma "religião" tão individualista como esta. Talvez por isso ficou restrita aos seguidores diretos do Buda, mas foi inevitável que alguns quisessem disseminar os ensinamentos para a população em geral, porém incorreram em desvios profundos a ponto de considerar Buda um salvador, um avatar que estava no céu e desceu à terra para nos salvar e por isso mereceria ser chamado de Senhor Buda. Isso conduz Sidarta a uma aproximação de outros deuses hindus e ocidentais.

Sidarta não revelou uma religião, simplesmente prescindiu de Deus e procurou o caminho por si só. E conseguiu encontrar. Apenas uma elite tinha acesso a um conhecimento que pertence a toda a humanidade. Era preciso abrir caminhos para que um homem comum, não importa de que condição social, também tivesse a oportunidade de se iluminar. Na sociedade da Índia da época, isso era, no mínimo, subversão da ordem social, uma vez que ninguém nunca havia destinado um único olhar para os miseráveis. Um homem comum, sem títulos, sem terras, sem bois, sem dinheiro, sem palácios, sem estudos religiosos, sem origem nobre, poderia se tornar um Buda! Cinco séculos antes de Cristo, Sidarta mostrava que o caminho da iluminação existia e era igualmente difícil para todos. Mas todos podiam tentar em pé de igualdade. A reação dos poderosos da época foi igual à dos poderosos de todos os tempos: primeiro ignoram, depois subestimam e, finalmente, perseguem quem insiste em buscar a alternativa. Não é preciso dizer que Buda mexeu com a sociedade de castas e que os brâmanes não gostaram nem um pouco. Como pregavam a não necessidade de intermediários entre o homem e a divindade, a elite indiana pôs os monges budistas para correr. Buda já havia morrido nessa época.

Todas as coisas no Universo são interdependentes, desde o nosso corpo até o mais distante astro, e isso está apoiado na Lei de Causa e Efeito, ou seja, toda a existência surge de causas e condições. Cientistas descobriram água em Marte, e isso pode ter proporcionado vida no planeta vermelho. Contudo, hoje não existe mais. Se o Buda estivesse vivo e acompanhasse o trabalho das sondas em Marte, diria que a origem da vida lá, como aqui, estava condicionada à água e a outros fatores determinantes. Eles cessaram e a vida cessou. Parece uma questão de fácil entendimento, mas não é, se se quiser se valer dela para discutir temas metafísicos, como a existência de Deus. Por exemplo, a existência de pessoas depende de causas e condições. Nada mais. Alguém pergunta quem criou as causas e as condições que proporcionam o fenômeno. Os budistas vão dizer que foram outras causas e condições, que eram simultaneamente teses, antíteses e sínteses. Daí para discutir a causa primeira é um passo.

Buda, além de não se preocupar absolutamente em resolver um pseudoimportante enigma, não vê a existência a partir de um começo ou fim, mas a partir de um círculo que não tem começo nem fim. Se começo e fim são a mesma coisa, estão ligados um ao outro, sem espaço entre eles, Deus não pode ser "a causa primeira". Essa concepção não era para bater de frente com qualquer outra religião deísta, mas foi como Buda viu todas as coisas. É a maneira budista de ver o mundo.

A impermanência dos fenômenos fazem toda a existência vazia, uma vez que, se eles se alteram, mudam a existência de um ser. Um pano é vazio porque só existe enquanto os fios que o compõem estão trançados. Se for desfiado, ele deixa de existir, portanto o pano é vazio, isto é, não existe por si só. Nada existe por si só, por isso tudo é vazio. Um anel ou um elefante, ambos são vazios. Nossa mente é vazia, uma vez que é impermanente não só fisicamente, como também porque nossos pensamentos vão e vêm.

Todos estão submetidos igualmente ao carma. O corpo, a fala e a mente são os executores das ações humanas que geram o carma. Ele pode manifestar-se nessa ou em vidas futuras. Isso quer dizer que ninguém escapa da Lei de Causa e Efeito. Ela é inexorável, ou seja, uma causa resulta inevitavelmente em um determinado efeito. Não há escapatória. Não pode haver outro resultado, isso quer dizer que quem pratica o mal só pode colher o mal, e ninguém pode se lamentar por colher aquilo que plantou. Causas e efeitos são indestrutíveis e vão se manifestar em um determinado momento. Não falham nunca.

Não há por que lamentar dos efeitos cármicos, uma vez que o único responsável por eles somos nós mesmos. Por isso, não é possível esperar milagres ou interferências de quem quer que seja no processo. Nenhuma entidade, nem Deus, é capaz de impedir a Lei da Ação e Reação. É preciso avaliar corretamente os atos que praticamos sob pena de arcarmos com eles, porque são criação pessoal e não de alguma divindade. Todo mundo está submetido à Lei, logo todos somos iguais. Os budistas sabem disso há muito tempo, antes da Declaração Universal dos Direitos do Homem e do Cidadão. Isso iguala homens e mulheres, homo e heterossexuais; brancos, pretos, amarelos e indígenas; pobres e ricos; operários e burgueses; donos de meios de produção e vendedores de mão de obra; geradores e apropriadores de mais-valia; corintianos e palmeirenses, flamenguistas e vascaínos, enfim, todo mundo. Não há privilegiados, apadrinhados, indicados, abençoados, eleitos, escolhidos, sorteados, agraciados, concursados, leigos, religiosos que possam escapar dela.

Logo, é preciso entender o alcance do que fazemos, porque vai nos ser cobrado no futuro. E o futuro pode ser nesta ou em outra vida. Esses ensinamentos não se constituem em uma ameaça, não se confundem com o paraíso ou o inferno, apenas relatam uma lei do Universo. Em outras palavras, o futuro está nas nossas mãos, nada mais. Isso não tira a liberdade de cada um de decidir, exercer o livre-arbítrio e construir o seu caminho. Uma vez construído, ele limita parcialmente o livre-arbítrio. É um paradoxo, mas não uma contradição.

A Lei de Causa e Efeito deixa claro que todas as coisas no Universo são interdependentes. O que quer dizer que nós temos a ver com tudo, até mesmo com as Luas que giram em torno de Saturno. Quando a causa deixa de existir, os objetos e fenômenos deixam de existir. Como o nosso corpo ou uma tempestade de verão. Em outras palavras, a vida resulta de causas e condições e não foi criada por ninguém. Nem por Deus. Isso não é uma provocação, apenas uma maneira de entender a origem do homem. Há outras concepções tão respeitáveis como essa.

Os verdadeiros pecados são os fatos cometidos com dolo. Nada pode impedir os seus efeitos se não o arrependimento e a reparação possível. Pecar por ignorância é menos grave, ou melhor, não existe o pecado original. A ignorância junta-se à tolice e à fraqueza do espírito para atrapalhar quem trilha o caminho da salvação búdica. É preciso visar sempre à retidão e à sabedoria, e isso se consegue em um estado de reflexão constante. O sábio jamais se afasta dele.

Sidarta queria entender o comportamento humano, é nisso que se concentra a sua sabedoria (Prajna). Ele queria ir além do acúmulo de informações e experiências, queria atravessar todos os rios de mitos e pré-concepções. Essa disposição levou o príncipe a entender que todos os seres humanos são potencialmente iluminados, mas que precisam da prática para encontrar dentro de si mesmo a iluminação. Ou seja, percorrer um longo e penoso caminho para encontrar o que estava em nós mesmos desde o primeiro passo. Coisa de louco?

São Josafá

Habita puro no meio dos impuros, aceita com serenidade todos os acontecimentos; nenhuma adversidade o abate, nenhuma prosperidade o exalta; ele é sempre o mesmo.
Bhagavat Gita

A passagem de Ninakawa

Pouco antes de Ninakawa morrer, O Mestre Zen Ikkyu o visitou. "Devo conduzi-lo adiante?", perguntou Ikkyu.

Ninakawa respondeu: "Vim só e partirei só. No que você poderia me ajudar?" "Se você realmente pensa que veio e vai, esta é a sua ilusão. Deixe-me mostrar-lhe o caminho no qual não há vir nem ir". Com essas palavras, Ikkyu revelou o caminho tão claramente que Ninakawa sorriu e expirou.

Os primitivos cristãos da Síria ouviram falar maravilhas de um santo indiano, possuidor de grande virtude, capaz de realizar milagres. Merecia ser homenageado com o título de santo. Deram-lhe o nome de São Josafá. O novo santo era nada mais, nada menos, que Sidarta, o Buda! Segundo Denis Saurat, citado por Percheron, ele foi canonizado porque sua vida foi considerada edificante para a Igreja em construção. O nome escolhido foi uma influência do idioma persa. O Buda mereceu essa distinção, ainda que seus preceitos estivessem muito longe do Cristianismo.

A doutrina fundada por Sidarta não escapou da impermanência permanente que preconiza, por isso, sofreu mudanças e afastou-se dos ensinamentos originais do mestre. Pode-se dizer que no dia da morte de Buda, isso começou a acontecer. Ananda, primo, discípulo e seguidor do mestre, chorou quando ouviu Sidarta dizer que estava morrendo. Estava imbuído do apego com o corpo físico do Buda, não havia conseguido libertar-se disso, talvez em razão da proximidade e da devoção que tinha por ele. Ananda não se iluminou naquela vida. Divulgou a crença de que o Buda havia subido ao céu de onde viera. Ananda agregava formalmente a fé ao Budismo e dizia que ele continuava existindo ainda que de forma invisível.

O Budismo devocional difunde-se com fervorosas manifestações aos *bodhisattva*s e ao Buda. Os devotos passaram a pedir que as entidades afastassem os maus espíritos, ajudassem a combater a ilusão, o ódio e a cólera. Os milagres são almejados e os novos santos eram capazes de agir a favor das pessoas como verdadeiros anjos da guarda. Uma reviravolta total na doutrina original. Os devotos também criaram um paraíso, coisa jamais concebida pelo fundador. Eles almejavam o paraíso dos bem-aventurados, um renascimento melhor, o que aproximou o Budismo de outras crenças tradicionais indianas. Em vez de meditação, eliminação dos desejos, libertação das ilusões captadas pelos sentidos, os devotos optaram por regras mais simples. Renunciar a tudo como propunha o Buda deveria ficar restrito apenas aos monges e àqueles que quisessem dedicar toda a sua vida a isso.

Nasce a religião propriamente dita, em flagrante contradição com tudo o que o Budismo propunha. Portanto, aos leigos competia viver uma vida mais pura possível, adorar o Iluminado e todos os santos, ajudá-lo a salvar o mundo e repetir insistentemente o seu nome para obter os fluidos sagrados. De certa forma, os leigos, com a conivência de algumas ordens monásticas, descobriram uma forma de coadunar a doutrina original com a prática do cotidiano. Obviamente que as interpretações provocaram debates e divisões em cima de divisões. Na concepção do Buda, isso seria irrelevante, afinal ninguém precisa de templo nem de sutras nem de sacerdotes para se iluminar. Mas a religião precisava se organizar organicamente, e para isso precisaria estabelecer os cânones mínimos e escolher no meio de ampla literatura oral o que seria atribuído a Sidarta. Se possível, criar uma hierarquia e um sucessor, uma espécie de papa do Budismo, coisas que fariam o Buda meditar mais uns 5 mil anos.

Para ser budista basta aceitar como verídicos os ensinamentos do Buda, seguir os preceitos morais descritos e ajudar a manter a comunidade monacal. De todos pontos anteriores, o mais forte é o primeiro. Nada mais. Não é preciso batismo, rito de passagem, frequentar templos, submeter-se a ritos exóticos, acender incenso, dar banho de chá na estátua do Buda, reverenciar estátuas, inclinar-se com as mãos postas diante dos santos, acreditar em sacramentos nem recitar dia e noite os textos sagrados. Basta buscar incansavelmente a iluminação. Como se isso fosse pouco! A conduta moral sugerida pelos monges estabelece uma série de regras morais aplicadas à sociedade, como preservar os filhos do mal, colocá-los na escola, deixar-lhes herança, e os filhos devem amparar os seus pais. Nada de diferente de outras religiões e sociedades.

Certa vez fui visitar um templo budista na Grande São Paulo e, ao entrar na nave principal, e respeitosamente admirar o tamanho das estátuas, inadvertidamente, passei de um lado para o outro. Imediatamente, um guardião do templo me abordou rispidamente e me disse que não era permitido passar na frente da estátua. Argumentei que sentia muito e que não sabia dessa regra. Ele ficou mais colérico e exigiu que eu saísse. Do, lado de fora disse a ele que a sua atitude não era nada budista. Portanto, há que ficar atento para as distâncias entre a doutrina e a prática.

Por sua vez, os mestres budistas devem cuidar dos seus discípulos, e estes honrar o mestre. O marido deve amar a mulher, ser fiel, oferecer-lhe joias e vestidos, e ela deve manter a casa em ordem, ser carinhosa e receber bem os amigos do marido. Os preceitos são inúmeros e sugerem comportamentos morais entre amigos, servos e senhores, monges e leigos, obviamente que isso deve ser entendido no seu contexto histórico. Tudo isso era para ser praticado pelo adepto de uma religião baseada no nada.

Os budistas devem deixar de lado as práticas folclóricas e manterem-se firmes na doutrina original, e refletirem que o destino não existe, tudo o que acontece com uma pessoa são frutos de ações passadas, nesta e em outras vidas, que convergem para o momento presente. O que interessa é que o destino só existe para quem não está atento. Temos condição de mudar a nossa vida a qualquer momento, sem precisar esperar a segunda-feira, ou o Ano-Novo, ou depois das férias. Cada instante é único e precioso e temos a possibilidade maravilhosa de moldá-lo como quisermos. Não há determinismo, podemos mudar o carma quando quisermos, e para isso a doutrina do Buda recomenda meditação e atenção. Ficar vigilante sempre. Não há fórmulas mágicas vendidas em livros de autoajuda ou em programas religiosos na televisão. É tudo ilusório com exceção do clareamento da mente e a visão da realidade em que estamos imersos. Não é preciso ficar ansioso para chegar em lugar nenhum. O melhor de todos está dentro de nós mesmos até o último instante de vida, quando tudo se separa e se junta novamente no primeiro dia da próxima vida. A sabedoria está além das palavras, está na contemplação. É o andar que constrói o caminho; portanto, a qualquer momento se pode dar o primeiro passo e para isso não é preciso ser alguém especial, apenas um ser humano. Compreende-se melhor com a sabedoria do que com os sentidos, estes nos enganam e nos vendem a ideia de que o mundo aparente é o real e não uma ilusão. É preciso ficar atento uma vez que os nossos medos, angústias e insatisfações distorcem nossos pensamentos. Descuidou e tudo se acaba. Voltamos ao mundo de Mara. As respostas de nossas indagações exigem o extermínio da ira, ganância e ignorância como indicou o Buda. Segundo Jung, quem olha para fora sonha, quem olha para dentro desperta. É preciso controlar a língua. Ela materializa o turbilhão que vai na nossa cabeça e é responsável por turbilhões que atrapalham o dia a dia, cria inimizades e atrapalha o desenvolvimento. Melhor é engolir as palavras vãs e desfazer delas depois e meditar sobre o que não foi dito. Quando se fala coisas boas, ouve-se coisas boas. Entre falar em vão e se calar, opte por calar, o mesmo quando não tem uma resposta pronta para uma pergunta. Falar incorretamente destrói tudo o que se construiu na mente ainda impura. Cuidado para não se tornar aquilo que você combate. Mudar não é fácil. Todos sabemos disso, mas a dificuldade de uma tarefa é tão grande quanto se acredita que é. Mestre Wu Sahng lembra que o apego é um dos grandes entraves para se avançar, uma vez que quando você não tem, fica frustrado por não ter; quando você tem, fica preocupado em não perder; e quando você perde, fica triste por ter perdido. A busca desenfreada pelo sucesso material e financeiro cega a pessoas que passam a vida em busca de uma conta bancária polpuda e quando conseguem estão velhas, doentes e infelizes. Não basta chegar lá, é preciso voltar de lá vivo.

Os mantos dos monges budistas chamam muito a atenção das pessoas que passam pelas ruas, principalmente os alaranjados, comuns no sudeste da Ásia, contudo outros templos também têm mantos azuis, marrons, cinzas, etc. Eles são os sacerdotes sem sacerdócio. Se Buda dispensou qualquer intermediação entre o homem e a divindade, não há razão para a existência deles. É mais uma contradição curiosa. Os monges do Budismo tibetano são mais conhecidos por suas roupas, cabeça raspada, cânticos, terços e obediência hierárquica, haja vista que respeitam um superior que tem o título de Dalai Lama. Uma espécie de papa tibetano, que, no entanto, nada significa para as outras escolas budistas nem para o Budismo tradicional. Isto não quer dizer que não seja um sábio e capaz de grandes ações humanitárias. O monge é apenas um exemplo a ser seguido, uma pessoa que pode ajudar os leigos no caminho da iluminação, e ao mesmo tempo pratica a meditação para avançar no caminho. No sudeste asiático, na escola Hinayana, os monges são considerados apenas membros de uma confraria, como no Budismo original. Muitos ficam temporariamente nos mosteiros e depois voltam para a vida leiga, uma vez que não há voto perpétuo. No Budismo, não há dogmas. Isso também o distingue das outras religiões. Então não há sacrilégios, como disse anteriormente, nem tratamento especial para monges. Eles devem ser respeitados pela sabedoria, calma interior, conhecimento da doutrina, trabalho de ajudar as pessoas e aprofundamento no caminho da iluminação.

Um monge não é o representante nem intermediário de Deus, e por isso só pode ser admirado e nunca temido. Buda dizia que os monges, como qualquer outra pessoa, deviam evitar os excessos não levando uma vida de prazeres nem de mortificações. Nada disso ajuda no caminho da iluminação. Monges casam-se, se quiserem. Uns preferem o ascetismo, outros não; isso varia também de escola para escola. O Dalai Lama é solteiro, é uma escolha.

Os monges devem praticar e incentivar a não violência, seja contra seres humanos, seja contra animais. Fazem uma prática constante. Durante a guerra do Vietnã, na década de 1960, eles protestavam embebendo o corpo com gasolina e ateando fogo. Era a única violência possível, a cometida contra si mesmo.

Não é simples entender os ensinamentos de um homem que enfatiza o sofrimento, a impermanência e o vazio. É tudo o que um líder religioso não faria, uma vez que ninguém seguiria alguém aparentemente tão pessimista. Talvez pudesse ser rotulado de niilista ou profundo materialista. Buda não ofereceu nenhum alento, a não ser o nirvana, o que, na sua concepção, era a única coisa capaz de impedir a ilusão, afinal ele funciona como filtro do raciocínio impuro. O nirvana significa cessar o sofrimento da ilusão e da dualidade.[3]

A impermanência não é, necessariamente, um fator promotor de infelicidade. Se você ama alguém, essa pessoa muda e deixa de ser aquela que você idealizou para viver e amar por toda a vida. Se trocar de amor, o mesmo vai acontecer. Você mesmo está em constante mudança e também pode não ser mais o amor da vida de alguém. Nada perdura, porque tudo está em constante mudança. Como impedir que essa impermanência só gere dor? Isso é possível na medida em que os seres humanos criem circunstâncias melhores para que as mudanças avancem nessa direção e se livrem do apego ao passado. Olhe a foto de sua jovem namorada tirada há

---

3. Ele não é uma cenoura que se amarra na frente de um burro, mas algo que pode ser atingido durante esta vida, como fez Sidarta.

29 anos. Ela já não é mais a mesma beleza, que só existiu quando ela era jovem. Se você guarda a foto e tenta viver aquela época, vai ter sofrimento. Ela mudou. Você mudou. Tudo mudou. Não precisa queimar a foto para se livrar da dor, porque aquela imagem ou sentimento estão gravados no seu âmago e por isso vão gerar sofrimento do mesmo modo. A foto representa um momento do passado e apenas simboliza esse momento que não mais existe. O que existe é o presente, o que somos hoje. Logo, por que não viver essa nova circunstância da melhor maneira possível? Que tal aprender a surfar na impermanência, como se ela fosse uma imensa onda infindável capaz de proporcionar o momento presente? Não se trata de um hedonismo desesperado, mas de sentir o fluir da vida com a consciência expandida, capaz de vislumbrar o fim da ilusão. Nada que é ruim perdura, e o horizonte sempre aponta para o melhor, se soubermos direcioná-lo para o conhecimento.

Esta é uma das versões do último sermão atribuído a Sidarta momentos antes de morrer:

"Eu ensinei a doutrina sem fazer distinção a ninguém.

Sejam ilhas de vocês mesmos. Sejam o refúgio para vocês mesmos, não tomem ninguém como refúgio de vocês. Sigam estritamente a verdade.

Não chorem, não se mortifiquem. Por acaso não lhes disse que tudo o que existe no mundo tem um término? E é sempre assim, não pode ser de outra maneira. É a natureza de todas as coisas e das coisas que o homem faz.

Busquem a verdade, a salvação, com diligência, não esmoreçam na prática desse caminho. Ficam os meus ensinamentos, que é o corpo doutrinário. Ficam as regras monarcais para a estrutura da disciplina e fica o meu exemplo para que vocês, também de per si, vivenciem-no.

Aferrem-se fortemente à verdade e dela não se separem jamais. Sejam suas próprias luzes. Não se deixem guiar pelos ritos ou qualquer pessoa que se diga mestre. Só há um caminho – a verdade. As palavras que ouvirem, vocês devem analisá-las detidamente para saber se são corretas. Não se enganem nem se deixem enganar um só momento.

Eis tudo e é chegada a hora."

Não há uma sexta-feira santa para o Buda, nem um domingo de Páscoa. Não abriu o mar para que seu povo atravessasse, mesmo porque o seu povo é toda a humanidade. Ele não ressuscitou, não subiu aos céus, não vai voltar jamais. Ele apenas conseguiu quebrar o ciclo de nascimento e morte, e como todos os outros seres humanos não foi melhor nem pior que ninguém, melhorou porque sofreu como todos nós, mas acumulou sabedoria em sua curta existência no planeta. Seu mérito foi conseguir concentrar a mente, por isso não existiu nada que não pudesse fazer.

Eis alguns temas para reflexão retirados de textos budistas:

Dhammapada: *"Não há jogo igual à cobiça, pecado igual ao ódio, dor igual à da existência. Nenhuma felicidade é tão grande quanto a paz de espírito."*

"Da cobiça nasce a dor, da cobiça nasce o medo. Aquele que é inteiramente livre da cobiça não conhece nem dor nem medo."

"Um homem não é um mestre porque submete, despoticamente, seres vivos ao sofrimento; pode ser chamado um mestre aquele que tem compaixão por tudo o que vive."

"Faz de ti mesmo uma ilha, trabalha duramente, sê sábio. Quando tuas máculas tiverem desaparecido, e fores livre de erros, não estarás mais submetido à decrepitude e à morte."

"Assim como as altas cadeias de montanhas permanecem imóveis em meio a tempestades, também o verdadeiro sábio permanece inabalável entre o louvor e a censura."

Conclusão

O budista é o homem que examina tudo, que é um cético no sentido etmológico da palavra. O Budismo não é a doutrina do êxtase, mas da reflexão profunda sobre as coisas a fim de conhecer a sua natureza. Estimula o cultivo da força de concentração mental.

Um homem...

"Depois de três anos de estudos, Liezi não ousava distinguir o verdadeiro do falso. Nem dizer o que era bom e o que era ruim. Então, ele obteve um olhar de Laoshang. Cinco anos depois, ele já distinguia o verdadeiro do falso, já dizia o que era bom e o que era ruim. Laoshang sorriu e seu rosto iluminou-se pela primeira vez. Sete anos depois, pensava de novo que não existia nem verdadeiro nem falso, e dizia novamente que não existia nem bem nem mal. O mestre estendeu-lhe pela primeira vez uma toalha e mandou-o sentar. Nove anos depois, por reflexões e palavras desordenadas, não sabia quando estava na verdade ou no erro nem o que lhe era bom ou ruim, não sabia quando outro estava na verdade ou no erro nem o que era bom ou ruim para esse outro. A diferença entre o de dentro e o de fora se atenuava e as sensações transmitidas pelos olhos, orelhas, boca e nariz deixaram de ser distintas. Seu espírito congelou, seu corpo libertou-se, sua carne e ossos liquefizeram-se. Não percebia mais o sentido das ideias formuladas ou das palavras pronunciadas. Havia atingido um estado em que nada é obscuro nas vias naturais."

Lie Tse, Tratado do vazio Perfeito.

Cronologia

As datas aqui apresentadas são todas aproximadas. Os indianos nunca se interessam pelas datas históricas e por isso há dificuldades de situar um acontecimento de maneira precisa.

556 a.C. – Nascimento de Buda.

525 a.C. – Nascimento de Ésquilo.

522 a.C. – Dario I torna-se rei da Pérsia.

520 a.C. – Morte de Lao Tsé, o fundador do Taoísmo chinês.

519 a.C. – Sermão de Benares.

479 a.C. – Morte de Confúcio.

476 a.C. – Morte do Buda.

473 a.C. – Primeiro Concílio Budista.

470 a.C. – Nascimento do filósofo grego Sócrates.

363 a.C. – Segundo Concílio em Vaiçali.

253 a.C. – Mahinda introduz o Budismo no Ceilão.

160 a.C. – Prajnaparamita original.

80 a.C. – Sutra de Mahayana – Lótus da Boa Lei.

  25 – O Budismo alastra-se pela China.

160 – Nagarjurna.

220 – Budismo no Vietnã.

372 – Difusão do Budismo na China e na Coreia.

498 – Bodhidarma expande o Budismo na China.

518 – Extensão do Budismo no Japão.

573 – O Budismo torna-se religião oficial do Estado japonês.

650 – Culto de Amida no Japão.

710 – Primeiro mosteiro budista no Tibete.

Gento Ryotetsu

O curso de História na USP possibilitava que os alunos escolhessem disciplinas optativas desde o primeiro ano da universidade. Matriculei-me na disciplina de História do Extremo Oriente, atraído pela cultura oriental e pela proximidade com a colônia japonesa na minha adolescência. Morei próximo ao bairro da Liberdade, em São Paulo, e tive a oportunidade de conviver com famílias e garotos orientais. O professor do curso era o preparadíssimo Ricardo Mário Gonçalves, dono de uma cultura invejável, admirado por alunos e colegas, fluente em língua, escrita e literatura japonesa e profundo conhecedor de história das religiões.

Já na primeira aula, todos sabiam que o professor Ricardo era monge da comunidade budista Soto Zen Shu. A simplicidade e a humildade do monge-professor logo conquistaram seus alunos. Depois de alguns meses de amizade, o professor Ricardo ofereceu-me uma aluna para aulas particulares de inglês. Era uma senhora japonesa que dava aula de ikebana, os arranjos florais, para a mulher do cônsul da Inglaterra. Uma não falava japonês e a outra não entendia inglês. Minha missão era aproximá-las. Fui conhecê-la na rua São Joaquim, no bairro da Liberdade. Era um casarão antigo, escuro, bem em frente à escola pública

Franklin Roosevelt. Foi a primeira vez que vi o Zendo, a sala onde se pratica a meditação, o Zazen. Chamaram-me atenção os bancos próximos à parede branca, o grande tambor e o belo altar com a estátua do Buda. Magrinho por sinal, até então achava que o Buda era aquele gordo sorridente, de orelhas grandes. O professor Ricardo apresentou-me ao superior da Comunidade Soto Zen, o reverendo missionário Ryohan Shingu, um japonês baixo e gordo, cabeça raspada, vestia um traje religioso e... não falava uma palavra em português. Só nihongô. Não era necessário, a simpatia do Superior, o seu sorriso, sua hospitalidade e a tradução do professor Ricardo foram suficientes para eu entender que seria impossível dar as aulas de inglês para a mulher dele. Ia ser uma babel. Três línguas simultâneas com três pessoas que conheciam, no máximo, duas. Não ia dar certo. Não deu.

Só me restava ir embora. Parei na sala de meditação do templo e perguntei ao monge Ricardo como era o ritual. Nem ele nem o Superior deram qualquer resposta. "Se quiser saber, venha para a meditação pública no sábado, às sete da noite", disse afetuosamente Shingu. Uma grande oportunidade para descobrir todo o segredo de uma religião nova, fascinante e, sobretudo, exótica no Brasil dos fins década de 1960. Cheguei para minha primeira seção de Zazen, sentei-me na sala escura, iluminada em um canto apenas por uma vela. Recebi as primeiras orientações, sentei-me no banco de madeira, não tinha costume de sentar com as pernas cruzadas, na posição de lótus. Pés pouco separados, plantados no chão, coluna vertebral ereta, respiração abdominal, diafragmática, cabeça equilibrada sobre o tronco, boca fechada com a língua colada no céu da boca, mãos postas sobre as coxas formando uma elipse e os olhos derrubados em 45 graus para baixo. As pontas dos dedos tocavam levemente a ponto de uma sentir o calor da outra. Era só ficar ali imóvel. Fácil? Não, muito difícil. Ligue o Zen, ou Ch'an ou Dhyana eram designações de uma importante escola do budismo Mahayana, ou do grande veículo.

O aroma de um estranho incenso contribuía para aumentar o silêncio e a solenidade da meditação. Sentei-me virado contra a parede branca e consegui perguntar a uma pessoa ao meu lado: "Meditar sobre o quê?" Sobre o nada, foi a resposta. A primeira meia hora custou a passar. Minha atenção se prendia apenas no monge que vigiava a meditação, portando um bastão e vez por outra batia nas costas de um mediante. Coisa estranha, nesta religião as pessoas apanham. Todos se levantaram, demos uma volta vagarosa em torno do zendo e mais meia hora virados para a parede branca. Depois de alguns minutos, o Superior iniciou uma exposição em japonês, traduzida pelo professor Ricardo. No final, todos recitaram um sutra seguido de um encontro para um banchá. Confesso que estava totalmente confuso. Olhar para a parede, meditar sobre o nada, levar paulada... Tinha uma quantidade enorme de perguntas para fazer ao Ricardo e ao Superior.

Nenhuma de minhas dúvidas foram resolvidas, a única coisa que me disseram era que continuasse aprendendo a meditar. Saí dali com a certeza de que não voltaria no próximo sábado. Mas era um desafio enorme, quem sabe mais uma única vez e tudo se aclarasse. Nada. Mais um sábado, e com o tempo, também as meditações de quinta-feira. Os meses sucederam-se e eu não podia mais ficar sem as meditações que passaram a ser diárias na minha casa. E depois ao longo do dia, em qualquer lugar, e não parei nunca mais. O bastão ameaçador virou um *kyosaku*, uma tabuinha que serve para relaxar as costas durante a meditação e não dói nada. Os sutras começaram a ficar cada vez mais familiares e cantá-los passou a ser um prazer. As palestras de Shingu, do professor Ricardo, de outros monges, as leituras, muitas citadas aqui e prática, muita prática de meditação. Participei de muitos retiros, o *seshin*, onde aprendi a disciplina, a persistência, a paciência, a tolerância e por que os monges mais ilustres limpavam os banheiros. Entrei para a escolinha de japonês do templo, onde aprendi um pouco do beabá, e até me arrisquei ao vestibular do curso de japonês da USP para aprender literatura e língua japonesas. Parei por falta de dedicação e empenho. Depois de dois anos, a comunidade honrou-me com o título de monge leigo e confiou-me o nome de um de seus patriarcas para que o honrasse, Gento Ryotetsu. Este é o meu nome budista. Ganhei uma relíquia com o seu nome e uma oração, escritos em papel de arroz, e uma medalha com uma samsara para pendurar no pescoço para que não me esquecesse jamais de que a única coisa permanente era a impermanência, e que nunca mais tirei. O Sutra das Oito Percepções dos Grandes Seres é destinado aos leigos, contudo, ainda que aparentemente possamos nos parecer pessoas comuns, internamente devemos perseguir o comportamento de monges e lutar contra os cinco desejos e os prazeres exacerbados que a eles estão ligados. Aprendi com o tempo que no Budismo é possível carregar a sua igreja nas costas, e foi o que fiz. Os mestres budistas são errantes e nem sempre precisam de templos para se aprimorar e chegar ao nirvana, o supremo encontro consigo mesmo. Tornei-me apenas um budista errante simplório e atento na vida de jornalista. Desde então, tenho praticado o Budismo individualmente e procurado entender a profundidade dos ensinamentos de Sidarta Gautama, o Buda histórico.

Seria o Budismo não uma religião, nem uma filosofia, mas uma teoria?

Para Ser Budista

Ninguém precisa abandonar sua vida, raspar a cabeça, vestir um manto amarelo e sair por aí recitando sutras. Não é preciso abandonar a família, parar de trabalhar ou ir para uma cabana na selva ou na montanha. É preciso apenas perceber que as coisas são passageiras e que tudo o que se pode obter na vida também se pode perder. Não se pode agarrar nas coisas ou nas pessoas, pois elas são impermanentes, e o apego a elas é uma fonte constante de dor.

Sidarta Gautama, o Buda histórico, não pediu a ninguém que acreditasse no que ele dizia, apenas que meditasse e visse com os olhos da mente pura o desenrolar da vida. Seus ensinamentos são simples, diretos e vão ao âmago da condição humana. Talvez, por isso, sejam tão difíceis de serem praticados. Portanto, é preciso perceber que a vida humana e o universo dos fenômenos fazem parte da mesma realidade, não há como separá-los. Todas as mudanças são resultados da gênese condicionada, ou seja, das causas que lhe deram origem. Nada pode ocorrer sem as causas que a condicionam.

Ser budista é procurar dentro de si mesmo as causas e condições da vida que tem, e não atribuir aos outros ou aos deuses nossos problemas e agruras da vida. O primeiro passo ao encontrar um obstáculo ou aborrecimento é meditar o que foi que fiz no passado que provocou esse fenômeno.

Ser budista é perseguir o aperfeiçoamento contínuo e ajudar outros a conseguirem o mesmo. Não é dar o peixe espiritual, é ensiná-lo a pescá-lo.

Ser budista é ser pacifista, ambientalista, solidário, paciente, generoso, ético, sábio, emocionalmente inteligente, firme, comprometido com a verdade, ainda que com tudo isso por si só não conduza ao paraíso.

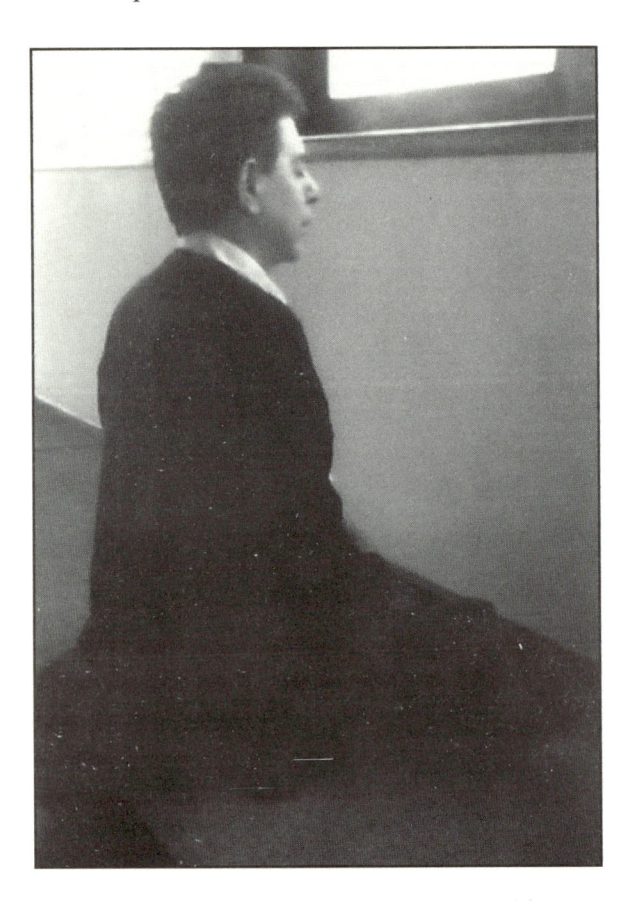

Indicações de Leitura

Não se assuste com a idade dos livros citados. A maior parte deles tem edições posteriores e pode ser encontrada em qualquer livraria. Utilizei os livros antigos porque estavam grifados por mim. Hoje existem muitos mais livros em português do que quando comecei a praticar o Budismo, ninguém precisará ler em línguas exóticas. Os livros citados são os que consultei para este livro e, obviamente, se houver qualquer falha, é de minha responsabilidade e não dos autores. Escrevi um segundo livro, publicado pela editora Bella Letra, 2014, e que trata de forma didática alguns temas como a doutrina, a vida depois da morte, o dia a dia do Budismo, fé e outros ensinamentos. O título é *Budismo*.

A Internet tem muitos sites das várias escolas do Budismo; em português, basta usar o Google. Sugiro o site *bemzen* e os artigos interessantes e didáticos do astrônomo André Medeiros. Lá também é possível ter acesso ao DHAMMAPADA, uma coleção de ditados mais famosos atribuídos a Sidarta. Há várias traduções para o português.

Os livros da monja Coen são inspiradores e sugiro *A Sabedoria da Transformação*, da editora Planeta, e *Viva Zen – Reflexões sobre o Instante e o Caminho*, da Publifolha, 2004.

O inspirador deste ensaio foi o livro de Maurice Percheron, *Buda e o Budismo*, publicado pela Agir, em 1954. O autor inicia o livro com uma rápida visão sobre a Índia pré-budista e explica com detalhes as características do Budismo original. Há também um glossário com nomes e termos tradicionais. No final do volume, há uma vasta bibliografia e um quadro histórico comparativo com fatos históricos da vida de Buda com o Ocidente, e explica as diferenças entre as diversas escolas.

O templo Zu Lai, inaugurado em São Paulo em 2003, proporcionou a publicação de vários livros de autoria de Hsing Yün, mestre da escola chinesa t'chan (zen). Os livros podem ser encontrados em livrarias, ou no próprio templo, no km 29 da Rodovia Raposo Tavares, Cotia, Grande São Paulo. Foram publicados pela Editora de Cultura. São textos fáceis e agradáveis; sugiro que o leitor sublinhe tudo o que julgar importante. *Budismo — Significados Profundos* inicia-se com o capítulo "Como Estudar o Budismo", e toda a obra é simples e didática. Outro livro do mesmo autor é *Cultivando o Bem*. Vale a pena ler *Budismo - Conceitos Fundamentais*.

Aproveite o embalo e leia o *Budismo Puro e Simples*. Há também o *Histórias Ch'an,* comentadas pelo mesmo venerável Mestre Hsing Yün. São histórias curtas e curiosas sobre lições de mestres chineses.

Os textos de abertura foram retirados do livro de Rajneesh, publicado pela Editora Pensamento, em 1991, cujo título é *O Livro Orange*. Vale a pena ler os comentários que ele faz das histórias, explicando o que entendeu delas, e algumas são surpreendentes. Nessa linha, vale ler também o livro *Nem Água, nem Lua*, publicado em 1993. Se gostar dos dois primeiros, pegue o *Raízes e Asas,* do mesmo ano, publicado pela Editora Cultrix.

A popularidade do atual Dalai Lama faz dele um campeão de vendas de livros. Vão da doutrina do Lamaísmo à autoajuda. Entre tantos, destaco *O Budismo Tibetano* e a *Chave para o Caminho do Meio*, da Zahar, de 1977, e o *Caminho para a Liberdade*, da Editora Nova Era, do mesmo ano.

Gard teve o seu livro *Budismo* traduzido para o português e publicado pela Zahar em 1964. É uma ampla história da religião, desde a sua origem até a formação de suas diversas escolas. É um autor muito cuidadoso, e por isso nem tão fácil de ler. Sugiro deixar o Gard para a terceira ou quarta leitura sobre Budismo.

Um incansável divulgador do Budismo no Brasil é M.N. Azevedo, autor de vários trabalhos, entre eles *O Caminho de Cada Um — O Budismo da Terra Pura*, publicado em 1996 pela Bertrand.

O livro do professor e monge Ricardo Mário Gonçalves é uma referência para quem quiser conhecer melhor o pensamento budista. *Textos Budistas e Zen-Budistas* foi editado pela Cultrix e lançado em 1967.

O Budismo Zen de Watts, foi publicado pela editora portuguesa Presença, de Lisboa, em 1974.

A Editora de Cultura publicou em 2008 o livro do Mestre Wu Shang, *Você já sabe o que não sabe?*. É uma história de um homem que sai dos Estados Unidos e vai para Mianmar em busca do encontro consigo mesmo. São oito etapas que culminam com o que procura. Há um manual prático de meditação no final do livro. Dá pra ler em duas horas.

O Caminho de Buda, de H. Saddhatissa, Editora Zahar, 1977; e *A Vida de Buda*, Zahar, 1978. Este livro é muito simples e traz uma série de pequenas histórias atribuídas ao Buda. A editora New Horizon publicou *The Wisdom of the Budda*, de Jean Boiselier, que traz belíssimas fotos, glossário, cronologia e textos religiosos. Vale uma consulta.

O livro do professor D. T. Suzuki, *Viver Através do Zen*, fez grande sucesso na década de 1960. No Brasil, foi publicado pela Zahar, em 1977. Contudo, o mais conhecido é *Introdução ao Zen-Budismo*, publicado pela Civilização Brasileira, de 1961. Há um texto dele na revista *Planeta*, nº 21, de maio de 1974. A foto da capa é o reverendo Riohan Shingu, no templo Soto Zen Shu, de São Paulo. Outro livro interessante é *Zen*, do dr. Sheng-Yen, publicado pela Fundação Fuman, São Paulo.

Místicos e Mestres Zen, de T. Merton, publicado pela Civilização, em 1972.

A Doutrina de Buda, publicado pela Bukkio Dendo Kiokai, de Tóquio, em 1982.

Cristmas Hunphreis tem o mérito de ter dado uma forte contribuição na divulgação do Budismo no Ocidente. Um de seus livros é *O Zen-Budismo*, publicado pela Zahar em 1977.

S. Sivananda tem um manual de prática, o *Concentração e Meditação*, publicado pela Pensamento, em 1993.

Para quem gosta de comparação entre religiões, há o livro *Vivendo Buda — Vivendo Cristo*, da Rocco, publicado em 1997.

O livro *Meditando a Vida,* de Padma Santen, publicado pela Editora Petrópolis, em 2001, é um interessante ensaio sobre o Budismo tibetano. Aborda situações do cotidiano de uma maneira simples e interessante; além disso, tem a indicação do escritor e jornalista Eduardo Bueno.

Excelentes a tradução e as notas explicativas do *Bhagavad Gita* de Humberto Rohden, publicado pela Martin Claret. No final do volume, há uma extensa lista de outros trabalhos do professor, que, com certeza, interessam os que gostam de religião e filosofia.

Entendimento do Budismo é simples e atraente no livro *Budismo Essencial, a Arte de Viver o Dia-a-dia*, de Gyomai Kubasa, publicado pela Axis Mundi, em 1995. Vale a pena ler e sublinhar algumas passagens.

O livro de Antônio Carlos Rocha, *A sabedoria de Sidarta — o Buda*, publicado pela Ediouro, em 1985, é simples e interessante. Apresenta fotos e vários discursos atribuídos ao Buda, até mesmo o último, pouco antes de morrer. Se você quer se distrair ou dar um livro sobre Budismo para um adolescente, recomendo o *Contos Budistas*, recontados por Sherab Chodzin e Alexandra Kohn, ilustrado por Marie Cameron, publicado pela Martins Fontes, em 2003. Belíssimas histórias e ilustrações.

Surpreendentemente bom o livro do Monge Traleg Kyabgon, puiblicado pela Arx. Vale a pena ler e anotar. Um dos mais claros, didáticos e objetivos livros sobre o Budismo. Não deixe de ler. Leia também o livro da monja Alexandra David-Neel, *O Budismo do Buda*, publicado pela IBRASA, da coleção GNOSE. Vale a pena pela clareza de sua explicação. É um dos meus preferidos.

Nota do Editor

A Madras Editora não participa, endossa ou tem qualquer autoridade ou responsabilidade no que diz respeito a transações particulares de negócio entre o autor e o público.

Quaisquer referências de internet contidas neste trabalho são as atuais, no momento de sua publicação, mas o editor não pode garantir que a localização específica será mantida.

Este livro foi composto em Times New Roman, corpo 11,5/15
Papel off-white 66.6 –
Impressão e Acabamento
Orgrafic Gráfica e Editora – Rua: Freguesia de Poiares, 133
São Paulo/SP CEP CEP: 08290-440 – Tel.: (11) 2522-6368
www.orgrafic.com.br/